MONTESSORI LAB
EXPLORING NATURE

蒙台梭利
家庭教育实用手册
探索自然

［意］基娅拉·皮洛迪 著 刘璇 译

南方传媒 | 广东人民出版社
·广州·

图书在版编目（CIP）数据

蒙台梭利家庭教育实用手册. 探索自然 /（意）基娅拉·皮洛迪著；刘璇译. —广州：广东人民出版社，2023.3

ISBN 978-7-218-16046-7

Ⅰ.①蒙… Ⅱ.①基… ②刘… Ⅲ.①家庭教育—儿童教育 Ⅳ.①G782

中国版本图书馆CIP数据核字（2022）第179315号

MENGTAISUOLI JIATING JIAOYU SHIYONG SHOUCE · TANSUO ZIRAN
蒙台梭利家庭教育实用手册·探索自然

[意]基娅拉·皮洛迪　著　刘璇　译

出 版 人：肖风华

责任编辑：陈泽洪
责任技编：吴彦斌　周星奎

出版发行：广东人民出版社
地　　址：广州市越秀区大沙头四马路10号（邮政编码：510199）
电　　话：（020）85716809（总编室）
传　　真：（020）83289585
网　　址：http: //www. gdpph. com
印　　刷：北京尚唐印刷包装有限公司
开　　本：787 毫米 × 1092 毫米　1/16
印　　张：10.25　　字　　数：108千
版　　次：2023年3月第1版
印　　次：2023年3月第1次印刷
定　　价：49.80元

如发现印装质量问题，影响阅读，请与出版社（020-87712513）联系调换。
售书热线：（020）87717307

目录

引言

蒙台梭利教育法 1

蒙台梭利和教学改革 1
蒙台梭利教育法蕴含的理念 2
应用蒙台梭利教育法 4
蒙台梭利教育法的核心原则：敏感期 5

自然在教育中的作用 10

人类与自然 11
蒙台梭利的自然观 14
自然生活 16
热爱自然的情感及宇宙教育 19
蒙台梭利学校教育的本质 21
融入日常生活的自然 24

55 种亲近自然的活动 26

基本法则：敬重自然 28

自然体验 30

自然色彩 32
石头设计 34
寻觅各色气味 36
气味盒 38
采集苔藓，显微镜下进行观察 40
制作种子和浆果项链 42
制作雏菊项链 44

剥玉米棒 46
寻找石头，水彩涂色 48
用栗子制作人物 50
绘制生活中的花朵 52
取材自然，制作简单的模板和印章 54
用土豆印章制作星空 56
用放大镜观察托盘 58
取材自然，制作家居挂饰 60
用蒲公英作画 62
用大小不一的光滑石块搭建石塔 64
分离种子，发挥精细运动技能 66
用彩色粉笔和花瓣制作坛城 68
雪地彩绘 71
根据图片，用干果和谷物制作花样拼图 72
用树叶制作图案 74
用豆类制作小鸟 76
用木头制作动物图像 78

自然运动 80

雷雨过后跳水洼 82
跳石头 84
行走中保持平衡 86
草坪上翻跟头 88
赤脚行走：一次感官体验之旅 90
户外寻宝游戏 92
探访季节 94
观鸟 98

关爱生命 100

玻璃广口瓶中种植豆芽 102

小南瓜内种植种子 104

雨后寻找蜗牛 106

准备一个小鸟的家 108

种植沙拉蔬菜 110

阳台上建一个小菜园 112

打理室内绿植 114

制作小鸟的食物袋 116

用放大镜观察户外小昆虫 118

创建、打理一个小小的禅意花园 120

自然探索 122

户外识别南北 124

收集海滩垃圾 126

学习回收 128

识别大小：用果核和种子比较体积 130

识别轻重：用水果和坚果比较重量 132

识别厚薄：用水果皮和蔬菜皮比较厚度 134

识别粗糙光滑：在接触自然物体中比较不同的表面纹理 136

建构生命周期 138

观察太阳对水洼的作用 140

果园里认识、采摘水果或蔬菜 142

夜间户外活动：探访夜幕下的自然世界 144

通过望远镜观察星星和月亮 146

观赏日出日落 148

引言

自然是生活不可或缺的一部分，身为人类的我们与自然具有内在关联性。然而，我们很少将自然融入我们的生活，也未能认识到自然的价值，在孩子的教育项目方面尤为如此。

相比之下，自然在蒙台梭利教育法中占据了极其重要的地位。

玛丽亚·蒙台梭利指出，在她所了解的社会中，自然界存在于故事里，呈现于再现的图片中，或是体现在出于特定目的构建的物体上，除此之外，儿童对自然界全无概念。脚踩土地，雨滴拂面，手捧沙子，轻嗅湿漉漉的树叶散发的气息，或者感受日晒下石头的温度，这些感受他们从未切身体验过。在她看来，儿童的发展潜力因此受到制约，他们被其放逐于封闭的空间，好奇心因此受到束缚。最为重要的是，儿童的运动需求因此受到约束。

对你而言，这样的说法是不是闻所未闻？当然，现在的情况依然如此！

我们花点时间思考一下，在我们生活的这个时代，儿童的生活仍然远离自然，几乎没有机会与自然世界中生存的各种生物亲密接触，或是切身体验自然现象。即使在今天，孩子们通过自己的沙箱知道了沙子、蔬菜和水果似乎生来就是盘中之物，他们唯一在户外度过的时光，就是来到市中心的操场，四周弥漫的是汽车排出的尾气，以及餐馆飘出的气味。

基于此原因，本书旨在激发孩子们探索户外世界的好奇心。全书分为四个部分，涵盖的活动类型多样，难度级别不同，活动目的迥异，所有活动都提供了一系列的观点，让孩子重回大自然母亲的怀抱。有时她是一个开心嬉戏的玩伴，有时又是一位指导学习的老师，还可能是一个需要关照的小生命。

一项活动接着一项活动，你会意识到，在自然世界中感受到的真实体验是那么无拘无束，直接明了，借此孩子可以自发形成认知，提升情感能力和身体技能。

蒙台梭利教育法

蒙台梭利和教学改革

1870年8月31日，玛丽亚·蒙台梭利（Maria Montessori）出生于意大利安科纳地区的基亚拉瓦莱的一个中产阶级天主教家庭。少年时代，她往来于佛罗伦萨与罗马，在那里她开始学习科学。她是意大利最早获得医学学位的女性之一，后来成了一位杰出的神经精神病学家、教育家、人类学家和哲学家。蒙台梭利是一位智慧非凡的女性，一位勇敢的活动家，通过多重社会视角，与她生活的那个时代中存在的社会不平等进行斗争，正因为有了她，我们才得以开启教学领域的文化改革。

从最初从事智力障碍儿童研究开始，她形成了一套儿童天性理论，例如儿童是小探险家，他们天生就具有探索世界的能力，需要成年人加以引导，为他们塑造适宜的环境，让这些天赋得以发挥。

蒙台梭利在研讨会和会议上传播自己关于儿童教育的革命性理论，赢得赞誉，1906年，她终于完成了自己最重要的项目成果。那一年，她获得形成个人理念的良机，为居住在罗马公寓的工人子女开设了一所幼儿园。“儿童之家”（Case dei Bambini）应运而生，最初设在罗马，随后是米兰。蒙氏教育法因此找到了应用和试验的场所。

1909年，由于在“儿童之家”积累了丰富经验，进行了大量观察，蒙台梭利撰写了她的第一部也是最重要的著作《蒙台梭利方法：应用于儿童之家幼儿教育的科学教育方法》（*The Montessori Method: Scientific Pedagogy as Applied to Child Education in "The Children's Houses"*）。这本书后来在全世界取得成功，经久不衰。蒙台梭利在书中讨论了自己的核心概念，即感官教育，使用组织有序的工作材料，尊重孩子和自由的心态，以及反对教师用奖惩干扰学生的思维进程。

这部著作取得了巨大成功。在蒙台梭利的指导下，第一批蒙氏小学开始涌现，第一批招收三岁以下儿童的日托中心也开办起来。

这位来自基亚拉瓦莱的教育家开始引起全世界的关注，她的文章在58个国家传阅，被翻译成36种语言。

蒙台梭利的新型教学法在意大利取得了巨大成功。意大利法西斯政权在执政初期给予支持，蒙氏教育法得以引入到那不勒斯的20所小学。1923年，意大利秦梯利[1]在教育系统推行改革，甚至允许学校采纳蒙氏教育法。

意大利蒙台梭利协会（The Opera Nazionale Montessori）随之诞生，总部设在罗马和那不勒斯，致力于授权出版书籍及建立新学校，制作学校必需的“蒙台梭利教材”，组织教育工作者学习的课程。

但随着第二次世界大战的爆发，蒙台梭利失去了政界支持，她坚守的平等主义思想、尊重所有生命的个体自由及和平主义，与极权主义学说形成鲜明对比。因此，蒙台梭利学校在意大利和德国都被关闭封禁。

蒙台梭利带着她的儿子逃亡到西班牙，在那里她继续秘密出版她的作品。到了1936年，西班牙内战爆发，她被迫逃离，先是逃到英国，随后到了荷兰，最后于1939年远赴印度。1947年战争结束后，蒙台梭利回到意大利，重组意大利蒙台梭利协会，重新开办蒙台梭利学校，不过她还是主要居住在阿姆斯特丹。

1 秦梯利（Giovanni Gentile）（1875—1944），意大利哲学家，新黑格尔主义者，倡导行动唯心主义，曾任意大利法西斯政府教育部长，主持了1923年意大利教育改革。具体措施：颁布《教育法》，规定初等教育由幼儿教育、小学教育和职业预备教育构成。6～14岁为义务教育阶段。有三种中学（补习学校、中等职业学校、文科中学）与小学相衔接。——译者注（后文注释均为译者注，不再一一标注）

1952年5月6日，她在荷兰的诺德韦克溘然长逝，她的墓志铭里写道：“我请求亲爱的、全能的孩子们与我联合起来，为人类和世界的和平而努力。”

蒙台梭利教育法蕴含的理念

蒙台梭利著作的革命性在于，扭转了以成年人为中心的普世理论，这一理论是社会的衍生物，抑制了人类本能，忽略了儿童的视角。有了严谨的科学观察和实证研究，在对假设进行验证的基础上，蒙台梭利形成了有关童年阶段心智运作方式的可靠性理论，对此进行了具体阐述。她解释了各种行为方式，提出了创新的教学策略，倡导孩子的发展过程要更加和谐、平稳。

关于儿童及其与成年人的互动，她不厌其烦地开展了不计其数的观察。她注意到，大多数情况下，叛逆儿童出现的所谓“不良”行为，源于成年人对他们的需求缺乏了解，而成年人在他们心中是权威和知识的传承者。

就连学校本身的环境，包括那里使用的家具和工作材料，在人们的观念中也并非为儿童设计，而是为成年人设计。“在学校，我们仍然认为学生的书桌必须厚重，基本上固定不动。这一切都是因为遵循了这样的概念，儿童成长必须处于静止状态；因为沿袭了不可思议的偏见，为开展教育活动，儿童必须

让自己的身体保持一种特殊姿势。桌椅和软垫座椅都要轻巧便携，这样儿童就可以选择自己最满意的位置，让自己身心舒畅，安坐下来，这既是自由的外在显现，也是教育的手段”(《发现孩子》(*The Discovery of the Child*)，第3章)。

还有，教学方法的设计初衷一直以来就是抹杀学生的意志，塑造学生顺应社会规范，显然在行为、认知和情感领域带来了负面结果。相比之下，蒙台梭利开始主张“建立在自由基础上的教育方法必须介入，帮助孩子重获自由。其宗旨务必是将孩子从限制其自发行为的束缚中解放出来”，这是因为“我们不知道，窒塞孩子初露端倪的积极自发行为的后果是什么，也许就是令生命本身窒息而亡”(《发现孩子》，第3章)。

应用蒙台梭利教学法

蒙氏教育法代表的教育方法补偏救弊，方法得当，全面分析了儿童的成长。

面对人生的旅程，小探险家具备了个人所需的一切能力，因此成为独立自主、能力兼备的生命体，不需要某位雕刻家来界定完善。相反，我们需要成年人为儿童树立榜样，给予他们引导，让他们置身于安全的环境之中，再给予他们空间，给予他们信任，让他们已经拥有的能力得以显现。孩子传递出的需求是，成年人帮助他们独立行事，目光中是相信他们潜力的神情，而不是催促他们的眼神，知道如何静心等待与生俱来的力量得以显现。

小朋友赋有吸收性心智，即具有从他们自己的切身体验中快速、直接地汲取经验的心智能力，从而形成动作行为范式。儿童所需不过是可供使用的工作材料无危险性，且适合其年龄阶段；准备的环境井然有序，简洁干净，其中的每件物品都摆放在特定的预留位置。这样儿童可以在心理上规划自己周围的环境，划分类属，例如按形状、颜色、大小、用途等进行分类。为孩子提供机会，在自发游戏活动中去探索现实世界，他们想玩多久就玩多久，开辟儿童的独立自主之路。

教育是一个自然而然的过程，可以自主发展，自由与发展被视为一体，不可分割。选择的自由促成表达方式的创新，这是每个小探索者的天赋，形成持续性学习，意义重大。反过来，自由会在儿童身上形成一种责任感。随心所欲地自由行事时，他们学会成为自己活动的主人翁，对自己的行为及后果负责。这种责任感最终成为纪律构建的基础，一个能主宰自我的孩子是一个意识清醒的孩子，是一个能够学会自我规约的孩子。

在构想中，家庭中的儿童是积极主动的，在与成年人的合作中得以实现。从幼年起，孩子们就可以帮助父母做家务，照顾自己，保持自己的游戏用品和玩具井然有序，在充满爱心的成年人的陪伴下他们实现了这一切，没有人对他们的表现品头论足。每个孩子都成为学校和家庭生活中的重要一分子，感受到他们为自己的行为承担了适量责任，提高了动手能力和解决问题的能力。孩子会具有强烈的自尊心，因为他们同样可以参与成年人完成的活动。孩子觉得自己是世界不可或缺的一分子，是一个有价值的人，他的需求有人倾听，是一个可以自由表达自我的人。

成年人要常常陪在孩子身旁，成为一个不可或缺的引导者和榜样，成为儿童自立过程的细心观察者，从而帮助小朋友，引导和鼓励他们，或者在逆境中给予安慰。成年人的介入要适度，要间断性介入，要尊重孩子自己的进度，绝不强行干预或是阻碍约束。成年人也不应该催促孩子，或在活动中越俎代庖。

蒙台梭利教育法的核心原则：敏感期

在发展过程中，儿童会经历某些阶段，对某些类型的刺激产生更强的特定敏感力。这些“敏感期”代表了某种自然的呼唤，是儿童难以抗拒的天性，人们认为他们更容易接受某种环境刺激。在这些阶段，成年人必须提供给他们能够接受的刺激形式，促成他们能力的提升。获得这些能力的时间段有限，时间一过，孩子通过这些感官体验获得心智能力就不再这么轻松。

0～1岁，亲情敏感期

生命的第一年致力于形成亲情纽带，建立父母与子女之间的情感心理纽带，在人的一生中这种纽带无可替代，这是我们人人具有的遗传倾向。因此，孩子索求亲密关系，想要得到悉心照顾，这是正常现象，要予以悦纳。父母减少与孩子的亲密接触，出现了孩子需要自行应对某些关键时刻之类的困境，例如去睡觉，发现某种新食物，或是出现了陌生人，这时孩子会发出抗议，父母对待抗议的态度也应悦纳。

0 ~ 6 岁：秩序敏感期

儿童需要常规惯例和按部就班的行为序列（sequences of behavior）[1]，从而形成事件的逻辑意义，为现实世界中存在的每件事物分配一个位置，指定它的功能。环境和我们的行为要清晰明确，井然有序，有迹可循，这会让孩子产生自信感，于是他们就会发觉这个世界怡悦安和。

6 个月 ~ 6 岁：动作敏感期

儿童强烈要求根据自身的发展程度进行活动，完成更加精巧复杂的动作。因此，儿童要去触摸自己所看到的各种事物，操作物品，接下来想要翻滚，肚皮贴地爬行，四肢爬行，最后想要行走、跑动、跳跃和攀爬。

0 ~ 7 岁：语言敏感期

学习语言是一个漫长的渐进过程，不过儿童都会被语言所吸引，这与他们学习说话的快慢无关。出于这个原因，有必要通过文学阅读、讲故事和频繁进行对话进行刺激，即使同时学习多种语言也是如此。

0 ~ 6 岁：感官敏感期

自呱呱坠地起，感官教育便已开始。因此，婴儿是通过他们的身体领会事理，倡导通过触觉、味觉、嗅觉和听觉进行探索，这样做大有裨益。建议为儿童提供丰富的工作材料和活动，以促成这种感官体验的特殊敏感力强大起来。

18 个月 ~ 7 岁：细微事物敏感期

形成个人的手眼协调能力集中发生在这一时期，出于这个原因，孩子会选择一些活动来验证自己这方面的能力。我们可以向孩子提议使用各种工作材料，从而促成他们形成操作小物件的要求，例如倾倒液体的相关活动。

0 ~ 6 岁：生活规范敏感期

大约 2 岁左右，孩子对于社会群体的归属感变得格外敏感，这个群体设立了规则，以便成员和谐地共同生活。因此，这段时间是学习生活规范的最佳时期，比如孩子学会表达感谢，请求宽恕，不去干扰他人的游戏活动，在公园玩游戏时依次排队等待，等等。

---

1 行为序列（behavioral sequences）是指反应与其先后的刺激物的连锁。从学习理论的角度看，机体的行为可分成一些单元，每一单元都既可作为与随后反应有关的刺激物，又可作为对先行于它的刺激物的反应，形成循环现象的连锁。这一概念被看作是行为治疗和学习理论赖以形成和发展的基本前提。

“孩子需要在自然中生活，

而不仅仅是了解自然。”

——玛丽亚·蒙台梭利

自然在教育中的作用

人类与自然

长时间被困在家中或办公室之后，或是长时间驾驶之后，你是否感受到体内有一种陌生而强烈的感觉，促使你去寻觅、呼吸一下新鲜空气，体验一缕温暖的阳光射在脸上，或是手中捧一捧喷泉水？或者，在疲惫不堪或情绪混乱的日子里，你是否想去寻求乡间小路或山间小径的寂静，想去静坐观海？看到第一场雪，见到一望无际的麦田，或是对着一棵盛开的樱花树，谁能不被感动？这些体验自然将我们联系在一起，其原因在于，大自然是我们生活中不可或缺的一部分，我

们经常会本能地去寻觅自然，有时却没有意识到。

文明所带来的优势和益处数不胜数，但在进步的过程中，不知何故我们割断了与我们生活中这一部分的联系，而这一部分对人类的福祉至关重要。为了放松自我或是进行反思，许多人聆听重现大自然声音的音乐，如鸟儿啼鸣，溪水潺潺，细雨淅沥或是火焰噼啪作响。人们投身于园艺或种植果树，寻求和平宁静，这样的情况并不罕见。在某些方面，我们与大自然有着密切的生物学联系。关于这一主题进行的反思饶有趣味，其中包括美国生物学和昆虫学家哈佛大学的爱德华·奥斯本·威尔森（Edward Osborne Wilson）的思考[1]。1984年，威尔森创造了“亲生命性”一词来描述他的假说，即人类与自然之间，与我们共享地球的其他生物之间，存在着与生俱来的联系，刻录在我们的DNA中。威尔森提出假说，由于在进化史中，人类大部分时间都直接栖身于大自然中，在社区出现之前，或者城市建立之前，人类对生存所需的自然景象的热爱与生俱来。

1 爱德华·奥斯本·威尔森（Edward Osborne Wilson）（1929—2021），美国昆虫学家和生物学家，以对生态学、演化论和社会生物学的研究而著名。他还是一位伟大的建筑师，构建了一门被称为社会生物学的单调哲学。威尔森成就斐然，曾获得美国国家科学奖章、克拉福特奖和两次普利策奖。

蒙台梭利的自然观

然而早在威尔森之前，上个世纪初，蒙台梭利就提出了关于自然对人类重要性的理论，尤其是对她最亲近的人群——儿童的重要性。事实上，蒙台梭利教学中最生动有趣的一个方面，就是自然在教育中的作用。

1909 年，在《蒙台梭利方法：应用于儿童之家幼儿教育的科学教育方法》一书中，蒙台梭利用一个章节专门讨论了这一主题，该文后来于 1948 年重新出版，书名为《发现孩子》。“自然教育”这一章强调了存在于自然的生活方式与文明社会的生活方式之间的对比差异，而后者显然将奉献牺牲精神及沉重的限制条件强加于人，制约了儿童的发展，“在我们这个时代，在我们的社会所在的城市环境之中，孩子们……的生活远离自然，几乎没有机会亲近自然，或者亲身体验”（《发现孩子》，第4章）。

蒙台梭利关于亲密接触大自然的重要性的思考，源于她阅读了让·伊塔尔（Jean Itard）[1]作品中令人惊叹的观察结果。这位法国医生照顾了一个年轻人，名叫维克多。他自小就被遗弃在森林中，但奇迹般地在森林中自然成长，直到被几个猎人发现，随后被带到巴黎，委托给伊塔尔照顾。医生观察了他很长一段时间，注意到他的行为反映出与自然密不可分的关系，他需要保持与自然之间的联系。维克多显然对一切社会行为、社会习俗和社会预期行为全然不通，因此他的案例具有重大的科学研究意义。在某种程度上，野男孩提供了一个机会，去见证最真实的人性，了解如果儿童没有受到受文化影响的正规教育的灌输、劝阻或抑制，他们会是什么样子。他对户外空间有亲近感，不得不待在室内时，他就会表现出痛苦、孤立和冷漠的情绪。事实上，他只对自然界中的生活感兴趣，当观察到雨、雪或风之类的自然现象时，他就会感到心情舒畅。

关于这个小男孩的前期研究，蒙台梭利记录了大量自己的观点。她详细阐述了自己的理论，如何重新审视学校的教学法及教学实践。举个例子，她意识到，穿限制行动的衣服，穿不利于自由行走或奔跑、让我们无法感受大地的挤脚鞋子，并非我们天性使然。出于这个原因，孩子常常想要脱掉衣服和鞋子，他们喜欢赤身裸体或是打着赤脚接触大地，四处活动让他们感觉更加自由。她意识到，成年人对这种本能的否定实为约束和压抑，往往不能把握这些行为背后的需求。另一方面，成年人诚然只认可要努力让孩子融入社会，逐渐让他们适应与他人融洽相处所必需的各种社会习俗。因此，这位科学家认为，伊塔尔对维克多所做的教育，正是教育者的任务，“人类是芸芸众生的一员，因此亦属于大自然，人要为社会生活做好准备，就一定不能与其实施的自然活动相悖”（《发现孩子》，第4章）。她还补充说，这一阶段可能会“将大部分教育工作交托给自然本身，借此用温和的态度开展（儿童）教育”，从而认识到自然在教育实践中的核心作用。于是，她开始在教学实践中营造宽广的空间，培养孩子对自然的情感。

1 让·伊塔尔（Jean Itard）（1774—1838），法国剧作家，主要电影作品《野孩子》（The Story of a Feral Child）于1970年公映。影片改编自1789年发生在法国的真人真事，阿维隆地区森林里拾橡果的一个农妇发现一个赤身裸体、看上去又聋又哑的野孩子，随即引发法国社会的轰动。这个男孩的名字是维克多（Victor），通常被称为阿韦龙的野孩子（Wild Boy of Aveyron）。医生伊塔尔（Itard）耐心教导这个野孩子一点一滴地适应新的生活，又让他学习听话和说话，终于达成了两人之间的沟通，帮助这个孩子重返文明社会。

自然生活

蒙台梭利强调了社会中存在的矛盾心理，即人们赋予大自然更为严格的道德和审美价值。我们一向人为地让孩子们接触大自然，让自然进入我们的公寓或是学校教室，在小范围内重现自然。在草地上奔跑，跃入花坛，用手捧起泥土，下雨时跳进水洼，诸如此类，才是孩子真正想要的自然界体验。而这些行为被成年人强加的规则所禁止，并且另行其事，仅仅看看卡片，或是读读书中描述自然的内容，一个人根本不可能与大自然建立起联系。

大自然不可能仅仅只是盆栽里的植物、冰箱里的水果蔬菜，或者喂养的宠物，因为这样一来，在某种程度上“我们的灵魂也会枯萎”，蒙台梭利说（《发现孩子》，第4章）。她补充说，我们要让孩子们相信，他们就在凝视美，例如让他们聆听鸟儿歌唱，可我们

却将鸟儿关在狭小的笼子里，“仿佛小鸟关在笼中喂养就是对大自然的珍爱”。

另一方面，真正重要的是尊闻行知，童年需要“在自然中生活，而不仅仅是了解自然”（《发现孩子》，第 4 章），从而恢复部分本能行为，让伊塔尔的小维克多开心起来。

“孩子肌肉的力量超乎我们的想象，就连刚出生的婴儿也是这样，不过要想让这种力量为我所知，一定要能自由地嬉戏…… 孩子们置身于自然环境之中，这时他们的力量便得以显现。”（《发现孩子》，第 4 章）这种力量不仅表现为身体的发育，还表现为认知的增长、学识的丰富，以及品行的提升。

孩子们需要在草地上奔跑，在林间穿行，触摸花朵，收集石头，身上沾染泥土，观察昆虫的举动，轻嗅雨润林木的气息。他们需要亲身体验置身自然界的生活。

在大自然中，孩子可以跑、跳、爬，胳膊和腿部的肌肉发力，双手功能充分发挥，手指、脚趾感受各种外界刺激，借由自己的

身体更好地亲近自然。在公园、森林、花园或是任何开放的空间里，孩子会感受到某种感官刺激，同时将其与自身的心理机能进行协调。究其原因，这能满足个人的好奇心，探索发现、获取知识及进行分类记忆的需求也同时得到满足。孩子在获得涉及肢体运动锻炼的实践体验的同时，完成了以上所有内容。正如蒙台梭利多次言及，切身体验过程就是最好的教育，这一过程中孩子们可以独立行事。“让孩子享有自由，让他们尽情嬉戏，天空下雨，让他们奔去室外，看到水洼便脱掉鞋子；露水打湿草坪，让他们赤脚踏在草地上，跑来跑去；绿树邀请他们在树荫下小憩，留他们静静地歇息；正如太阳唤醒了万物，万物在一天中有醒也有眠，清晨的太阳将他们唤醒，由他们欢闹嬉笑吧。”“这样的说法言之尚早……与之相反的是，我们忧心忡忡地反问自己，天亮后如何才能让孩子们入睡，怎样才能训练他们不要脱掉鞋子，不在田野上乱跑。”（《发现孩子》，第 4 章）

热爱自然的情感及宇宙教育[1]

为儿童提供机会，在自然环境中进行丰富多样的活动，即使是那些简单的活动，例如收集干树叶，在花园里浇灌植物，修剪干树枝，按颜色、大小或形状对自然中的事物进行分类，油然而生的兴趣及对知识的渴求，也能促使他们形成蒙台梭利定义的“热爱自然的情感，就是对我们周围的一切悉心关注，心生敬意，满怀好奇”（《发现孩子》，第4章）。

热爱自然的情感同样关乎蒙台梭利所说的“宇宙教育”，即发现生物之间存在关联性，培养对生命的关爱与敬重。

1 宇宙教育（cosmetic education）起源于二战时蒙台梭利基于自身经历及对人类社会的思考，认为需要在更宏观层面上思考教育，才能避免狭隘和偏见，避免战争和冲突。宇宙教育是蒙台梭利教育的基石，宇宙教育的核心是万物互联的故事，描述了世间万物表面上不统一的背后是一种连续的、不可分割的统一，而这整个系统称为宇宙教育。

在实践体验中进行尝试，儿童借此初步理解到“这个星球上存在的万事万物关联紧密，每一处细节都引人入胜，因为它与其他事物密切相关”。“我们可以将整体比作一块布，每种元素都镶嵌在织物之上，华丽的织物由诸元素整体织就。”（《发现孩子》，第4章）

在户外体验其他的生活形式，儿童借此学习，深入理解如何对世界的方方面面进行分类，建立彼此的关联性，领悟彼此相互依存的关系是维系生命的方式。举个例子，我们想一想种子、果实和植物之间的关系，昆虫对于鲜花授粉的作用，阳光对绿叶的作用，所有这一切都相互关联。

“对于蒙台梭利来说，人类理解自身承担的宇宙使命就是理解人类需要接受教育，关于人与人的相互关系，人与自身生活环境的相互关系，构建起全新的思维方式，这是面向未来的教育，是我们拥有的礼物。”（《蒙台梭利提倡的关爱心灵世界》（*La cura dell'anima in Maria Montessori*），第 8 章，莱昂纳多・德・桑蒂斯主编）

营造大自然中的体验同样有助于孩子形成时间与变迁的概念。我们的大自然节奏一定比社会节奏舒缓。大自然从不仓促行事，它缓步前行，不疾不徐，在时间的长河中进化发展。自然的变化具有接连不断的周期性，需要给予关照方能存续。想一想我们投入时间去等待，等待一颗鸡蛋孵化成破壳而出的小鸡，等待一粒种子播下后生根发芽，等待一朵花绽放盛开。这一切均是自然生活直接灌输的教义，让孩子体验专注与关爱的感觉，体验关注这世间生存的万事万物的感觉，体验像其他生命一样，成为恢宏的生命体中一分子的感觉。事实上，我们也是这块精美织物的一个元素。举个例子，大自然为我们提供身体所需的营养，为我们提供调节生物钟所需的光与暗，让我们生成有益的维生素，为我们提供能量与化学元素形成的源泉，治愈我们的精神疾病。

蒙台梭利学校教育的本质

当然，只在户外生活并不可行。因此，蒙台梭利权衡方案用以培养他们热爱自然的情感，但他们也要安坐在学校的课桌前，一上午都要待在教室里。

“与其他事情一样，一个人热爱自然的情感在锻炼中提升。一个孩子被困在围墙之内，无精打采，无所事事，看到残忍对待动物也习以为常，或是觉得理应如此，在他面前，我们无法通过老生常谈或是劝解谏言强加灌输这一观点。亲身体验就会打动他。”（《发现孩子》，第 4 章）

正如蒙台梭利所述，必须留心那些可能是儿童天性使然的行为，要给予他们支持，为儿童提供满足和表达这种需求所需的工作材料，还要营造恰如其分的环境。因此，儿童之家必须配备一些工作材料，能够促成儿童表达自然而然形成的喜好，从而培养热爱自然的情感。

“悉心关爱生命符合儿童心灵世界中最活跃的一种本能。因此，轻轻松松就可以安排他们从事积极的家务劳动、打理植物，尤其是照看动物。”（《发现孩子》，第 4 章）

蒙台梭利组织制作工作材料，用于研究动植物，进行动植物王国分类，这些材料包括木质动物拼图、自然陈列桌和植物嵌板柜。她还着手准备了水族馆及植物培养物。

但最重要的是，她在学校环境中引入营造的户外空间，可以开展融入自然的简单活动。所谓的“我们的花园”（giardino nostro）便诞生于此，这是一个孩子们照料植物的空间。这些空间的一个重要内容就是空间的大小要设定限度，大小要适宜，“必须找到适中

Butterf
diner

的尺寸限度，空间和物件既不过大，也不过小”（《发现孩子》，第 4 章）。

空间一旦过大，儿童注意到的就是宽广的空间，而不是存在的自然元素，就会在空间里跑来跑去，而不会去照料植物。空间还需要备有适量的植物，不能过多，因为过多的植物会影响儿童的专注度；也不能太少，因为儿童会容易失去兴趣。这个花园有适量的植物需要照料，从而保证提供给儿童的任务兼具娱乐性、趣味性和持续性。“他必须能够管理所有自己感知到的植物，所有印在自己脑海中的植物，那么这些植物才能为他熟知。”（《发现孩子》，第 4 章）

以后还要有真正的菜园，在这里儿童有机会栽培自己的植物，能够亲身体验植物的生命周期。除此之外，还要允许他们在院子里饲养小动物，学会识别动物的习惯和行为方式，不去扰乱。

在儿童之家，有一项根本任务要由教育工作者完成，就是他们不得不清空自己曾有的社会期望，从而允许儿童保持自然体验的纯洁性。教育工作者没必要向儿童下达过多的指令，他们需要让儿童自主行动，因为他们学习的重要内容将来自他们的辛勤劳动。简单的活动就足以满足需要，例如保持小路清洁；收集干枯的树叶，根据颜色、形状或大小对树叶进行分类；修剪树枝，给植物浇水，甚至清理树叶。

蒙台梭利说过，这样的做法符合儿童关于行动、认知和探索的需求。因为在儿童执行的各类活动中，他们积极保持专注力，为某种生命的成长进行劳作，甚至照料某种生物，不管是动物还是植物，他们从工作中获得的喜悦感与满足感意义深远。正是这种乐在其中的感觉，自然而然地引起了孩子们对周围生命的关注与敬重。知道他们被需要，懂得他们的工作带来了生机，这是实现自强和提升情感的强大动力。

蒙台梭利建议从具体主题着手，再拔高维度。亲密接触大自然不仅可以改善儿童的运动机能和感官能力，提升他们的实用技能和专注度，锻炼耐力，还可以激发儿童的动力，去关照其他生命体，不要破坏自己周边的生活，从而向他们引入了人类的价值观，这一点是蒙台梭利创建和平世界的愿景中至关重要的内容。

“和平意味着正义与爱在人间取得了胜利，敦促我们思考建立一个更加美好的世界，和谐至上的世界。”（《蒙台梭利提倡的关爱心灵世界》，第 8 章）

融入日常生活的自然

在他们的课程中，蒙台梭利学校依然将课堂元素与户外活动融为一体。工作计划在花园和菜园中开展，这样可以拥有在课堂外体验自然，参观农场之类的成长空间。在教室的空间里则摆设植物材料，以及其他有助于分类和获得第一手资料的元素，包括自然陈列桌。它们是可以让儿童进行观察、探究、实验和研究户外收集的物品，准备进一步的活动。

在这些体验的启示下，我们或许可以考虑为孩子们在家中开辟一个游戏的空间，收集来自自然界的物品，如树叶、石头、松果、花朵或树枝，他们可以用来练习自己的感官技能，以及按颜色、大小、形状等进行分类的能力。你还可以让自己的孩子参加活动，用水果和蔬菜进行感官探索，如有可能，去菜园和果园进行参观，从而激发他们的好奇心，回归自身存在的逻辑意义，探寻植物的生长方式和种植地。但是，蒙台梭利申明，让孩子在自然中生活，亲身体验自然，这样做大有裨益，他们应该享有探索和发现的自由。

55 种亲近自然的活动

自然教育的活动针对 2 ~ 10 岁的儿童设计，旨在恢复儿童与自然的天然纽带。蒙台梭利观察到，儿童与自然的关系中存在一些最为密切的主题，据此将这些活动分为四个部分：

1. 自然体验——此为感官活动，利用自然界中发现的物品，在户外开展。

2. 自然运动——此为运动型活动，漫步户外。

3. 生命关爱——此活动在家中和户外进行，观察、喂养和照料动植物。

4. 自然探索——此活动对自然界的元素进行分类和探索。

这些活动中，部分活动设计在家中开展，不过情况允许的话也可以提供户外体验，花圃或菜园、车道及屋后或是操场都可进行。

花园里栖息着花草、昆虫，自然中生长的蔬菜、动物，树林中繁衍了高大的植被和警觉的动物，当你置身其间，展开自由的游戏体验，甚至只是在海滩上漫步，一路可见流水、沙滩和贝壳，此时孩子便已积累了大量宝贵的知识和技能。这些活动让他们习惯于默默地观察，静静地等待，学会不去破坏其他生命体的行为方式。

每个儿童的心灵世界都需要与自然世界建立联系，自然以各种各样的方式诠释了生命及创造力。因此，“自然教育”意味着尊重儿童的进化需求，恢复他们与世界的和谐关系。

基本法则：敬重自然

本章节建议的活动提供了一个去营造自然世界中的切身体验的机会。试想一下，有人走入你家，你希望那个人是何种表现？你是否希望那个人征求你的许可，不要把家里弄得乱七八糟，在触碰你的东西或是玩你的玩具之前征求同意？你是否希望那个人小心使用物品，用后放回原处？你是否会感谢他说话的语调尊重家中众人，特别是此时有人在休息，不想被吵醒？

那么试想一下，你走入森林、庭院或是花园，或者步入住地附近小公园的植被之中，此时你便置身于我们称之为“自然”的一个家庭，许多生物在这个家中生活。它们正与我们分享探索这个世界的良机，它们应该受到我们的敬重。蚂蚁兢兢业业地运送属于自己的食物，其他昆虫勤勤恳恳地为花朵授粉，诸如此类。

以下是接触大自然时需要牢记的基本法则，是需要分享给孩子们的核心法则。

* 说话要使用大自然的语调，如果你发现四周很安静，不要扰乱。
* 发现小动物在工作时，要停下脚步。
* 你发现了植物，进行观察，轻嗅气息，温柔触摸，但要把它们留在原地。
* 自然界结出的果实是极好的绘画主题，但要随它们在原物上生长。
* 选择舒适简单的衣物，甚至可以是旧衣物。弄脏衣物不影响玩得开心！
* 一定要经常征询成年人的意见，他们知道你是否可以触摸发现之物，有些植物可能有刺，可能会扎人，或者导致皮肤发痒。
* 一定要征询成年人的意见，他们知道你是否可以把发现之物带回家，或者因为它有益于环境的自然循环，最好留它在原地。
* 用嘴呼吸，用鼻嗅闻，用耳聆听，用眼观察，敞开你所有的感官，感受这个世界！

自然体验

本章节包含的所有活动，都是要让我们去探索世界中的自然元素。为了了解自然，欣赏自然，我们亲近自然，在这一过程中享受体验自然。亲近自然时，耐力、定力及恒心是值得提倡的品质。用自然界中发现的物品进行工作，还可以显著地刺激五官官能，各种物品都具有重量、形状和构造方面的实物特征，这些特征趣味无穷，在塑料制品中是观察不到的。各项推荐运动均有助于提升感官功能，提高精细运动技能和专注力。某些活动会首先要求你在公园、花园或其他自然环境散步时收集一些材料，随后在家中完成活动。其他活动可以直接在家中使用水果和蔬菜完成。孩子们可以直接参与各项活动，只需成人进行示范，知道自己需要做什么。在某些情况下需要成人进行监管，确保他们玩游戏时完全没有风险，可以安全地使用从户外自然界收集的材料。如有必要，成功完成活动前，任由孩子进行各种尝试。要允许他们犯错误，允许他们在无人进行指导性介入时会生气。让他们随意进行实验和练习，他们认为需用多长时间都可以，无须进行纠正，仅在遭遇挫败时方能介入，提供支持。始终支持在户外进行工作，让孩子们对自然材料兴趣盎然。

自然色彩

活动材料

六个纸板箱，六张信纸大小的空白打印纸，胶带，一盒着色材料，如海报颜料、手指颜料或马克笔。

活动目的

此项活动中，儿童探索自然，尽享户外时光，锻炼他们的观察力，培养定力及耐力。

活动场所

任何户外环境。

活动流程

取六个中等大小的纸板箱。拿出一张白纸，选一种颜色上色。接下来，对其他纸张进行相同处理。用几条胶带将纸贴在箱盖上。每个箱子都进行相同处理。现在用自然色彩装饰的盒子已经备好。与孩子一起每天选择一个盒子和一种颜色，选一处方便抵达的场所，例如公园、林地、河岸、海滩、你家的花园，或仅仅选择一条街道。睁大眼睛，小心翼翼缓步慢行，认真观察周围事物。在自然环境中找到与所选颜色一致的物品时，如有可能，请将其捡起，放入盒中。

每次出门，随身带上一个不同的盒子，寻找新的颜色。这项活动可以不断进行，每次找到五颜六色的物品，你都可以带回家中，将其收入箱中。最终架子上会摆满大自然的色彩！

石头设计

活动材料

一个纸袋，一块木板或硬纸板，40 块颜色各异、大小不一的石头，一桶水，一块旧抹布。

活动目的

此项活动中，儿童尽享户外时光，锻炼他们的观察力及选择性注意力，在创造性活动中开展手工活动。

活动场所

家中后院，公园，庭院，树林或是家中。

活动流程

来到花园或是公园，寻找40块颜色各异、大小不一、表面平滑的石头，放入纸袋中。全部收集完毕后，找一个安静的角落，放好水桶。一次清洗一颗石头，注意污渍都要洗净。接下来用旧抹布擦干石头。

现在准备好你的艺术嵌板，可以是一块大纸板，一块结实的大海报板，甚至是一块薄胶合板。尽情发挥你的创造力，摆放石头，设计成你喜欢的任何事物，如一栋房子、一只熊、一辆汽车、一只蝴蝶，或是创作抽象形状的作品。

寻觅各色气味

活动材料

两个绘图板，彩色铅笔。

活动目的

此项活动培养人的嗅觉及专注力，调整呼吸以平静心绪。

活动场所

家中后院，绿树成荫的道路，公园，树林，菜园，果园或是家中。

活动流程

大自然为我们提供了无尽的机会，重新发掘我们的嗅觉。带上孩子，选择一座花园、一条绿树成荫的道路，几处花坛，

或在林中漫步。散步时要不疾不徐，从容观察周围的事物。偶尔停下脚步，闭目嗅闻。你留意到有何种气息？对此进行描述。现在，睁开眼睛，你会被大自然深深吸引，可能是一朵花、一块石头、一株嫩芽、一个松果、几片干枯的树叶或是一点点泥土。几次吐纳后，沁人心脾的气息便留存在记忆之中。探险即将结束时，你要判断哪些味道最宜人，哪些味道最难闻，与你的孩子一起为每种气味画一幅图。多次重复该活动，在不同环境中开展该活动，你可以汇集所有这些元素，按照气味的性质进行排列，编写一本《百香集》。无法外出的日子里，在家中也可以轻轻松松进行这项活动，感受水果、蔬菜、香料等物品的气味。

气味盒

活动材料

一瓣大蒜，一个香草豆荚，罗勒叶，一个肉桂棒，鼠尾草、迷迭香、欧芹或月桂等芳香草本植物的叶片，薰衣草花，黄麻或粗麻布香囊，一个带格木盒。

逐个闻一闻气味，尝试识别这是哪种物品。你可以嗅闻气味迥然不同的物品，辨别各自的特征，借此训练你的嗅觉，判断哪些气味浓烈、难闻等。

活动目的

此活动训练嗅觉识别能力。

活动场所

菜园，果园，家中后院，或是家中。

活动流程

与你的孩子一起，首先准备一个盒子承装要判断气味的物品。建议大家找一个带格的盒子，如装茶袋的盒子。如果没有，你可以在普通纸板盒内用卡片分格，制作一个类似的盒子。从易寻的物品中，选择你想要放入气味盒中的物品，可以在自己的菜园或果园中寻得，或者就在家中现有的物品中寻得。一袋填充一物。例如，一袋罗勒，一袋迷迭香，一袋薰衣草，等等。接下来，将各种袋子放入盒子的小格中。此时你可以进行游戏，尝试识别各种气味。一次一种，嗅一嗅每个袋子的气味，说出袋中物品的名称。然后，蒙上眼睛，再次

采集苔藓，显微镜下进行观察

活动材料

一把小刀或镊子，一个纸袋或一个玻璃广口瓶，一架显微镜。

活动目的

此项活动让你的孩子尽享户外时光，培养选择性注意力和专注力。它还能激发儿童对细胞世界产生兴趣。

活动场所

公园，树林，花园或朝北的林荫大道。

活动流程

在潮湿没有阳光直射的公园、树林或花园中，可以找到苔藓。与你的孩子一起，在公园的树上、岩石上，或在花园墙壁上寻找绿色苔藓。可以用小刀或镊子拾捡，少量苔藓即可。

你可以将苔藓保存在纸袋或玻璃广口瓶中。应避免使用塑料容器，这样的容器吸收水分后会产生霉菌。收集完成后，你可以将苔藓放在显微镜载玻片上进行观察。即使是低倍显微镜也可满足需要。如有必要，向孩子解释显微镜的工作原理，展示使用方法，并提出问题："你注意到了什么？试着描述一下你看到的内容。"你还可以记录一下自己留意到的任何感兴趣的内容，将其与其他进一步检测的苔藓进行比较。

制作种子和浆果项链

活动材料

大小不一、颜色各异的浆果和种子，一根绳子或一条布，一根粗纱针。

活动目的

此项活动可培养手眼协调能力、创造力、专注力，提升精细运动技能。

活动场所

林间，果园，花园，或是家中。

活动流程

大自然给予的礼物之美堪比装饰品，你心中是否也这样想？那么就去寻找颜色各异、大小不一的浆果和种子，如红色和橙色的浆果、玉米粒等。漫步林中、果园或花园时，你就能找得到。视季节而定，你可以借参观一片风景优美的玉米地之机，让孩子剥开一穗玉米。准备几个小容

器存放你采集到的各类浆果。接下来，一次取一个浆果，用大号针刺穿一个洞，引线穿入。开始串起你的项链或手镯，用绳子穿起每一颗浆果，一个挨着一个叠落在一起，好似小巧玲珑的饰物。项链达到你喜欢的长度即可收工，再剪掉多余的绳子，在尾端打结。现在你的纯天然饰品就做好了！

制作雏菊项链

活动材料

一束雏菊，一根中号针，一条棉线或尼龙线。

活动目的

此项活动有助于锻炼灵巧性、手眼协调性、专注力和创造力。

活动场所

花园，公园，或是家中。

活动流程

如果有机会漫步花园，或只是漫步公园，你可以在草坪里寻找雏菊，如果是切花就更好了，将其收入一个纸袋。回到家后，用尼龙线或棉线将雏菊的底部缝在一起，直到完成项链制作。最后打一个结，将其围成环形。

剥玉米棒

活动材料

一个碗，一个玉米棒。

难度等级：高

3岁以上

需成人监管

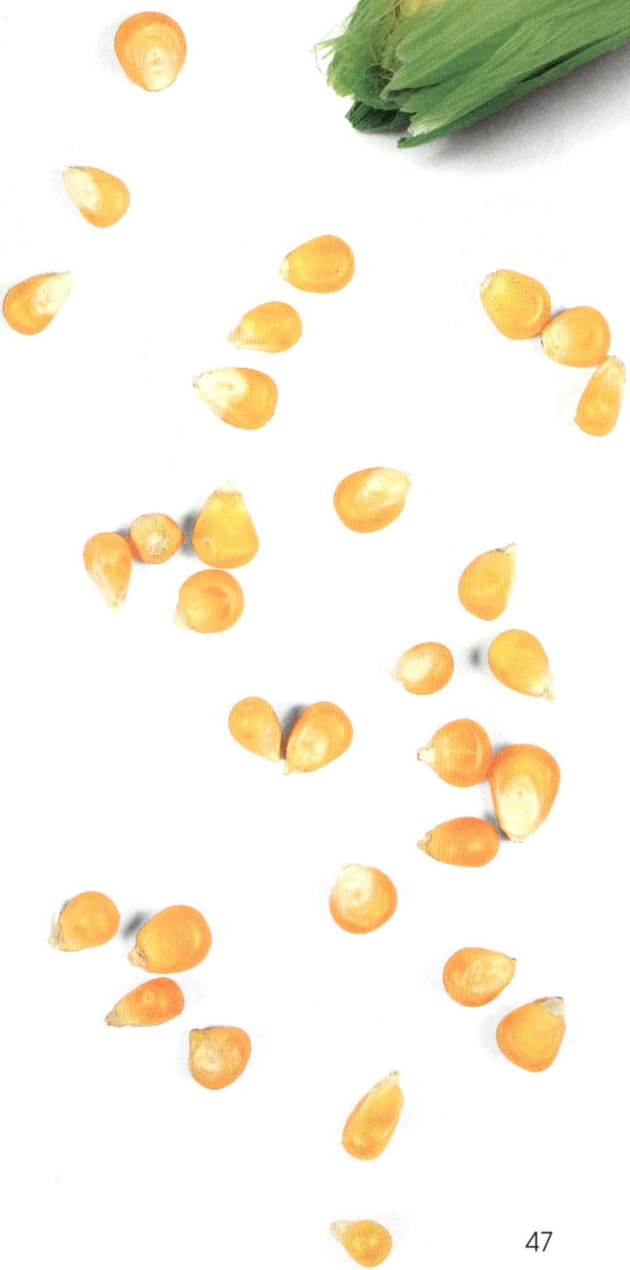

活动目的

此项活动让孩子尽享户外时光，培养灵活性、手眼协调能力和专注力。

活动场所

玉米地，或是家中。

活动流程

如果你有机会走入一片玉米地，即可毫不迟疑地开展此活动。或者，你也可以买一个玉米棒。为孩子准备一个舒适的工作台，因为此项活动耗时有些长。拿起玉米棒，向孩子演示清理的方法，剥去外层的叶子，自上而下将苞叶扯到底。用水冲洗玉米棒，接下来演示如何剥取玉米粒，用拇指推挤，玉米粒自会落入碗中。

寻找石头，水彩涂色

活动材料

深浅不同的水彩颜料，型号不同的画笔，十厘米以上大小不等的光滑石块，一瓶水，一个碗，一块旧抹布。

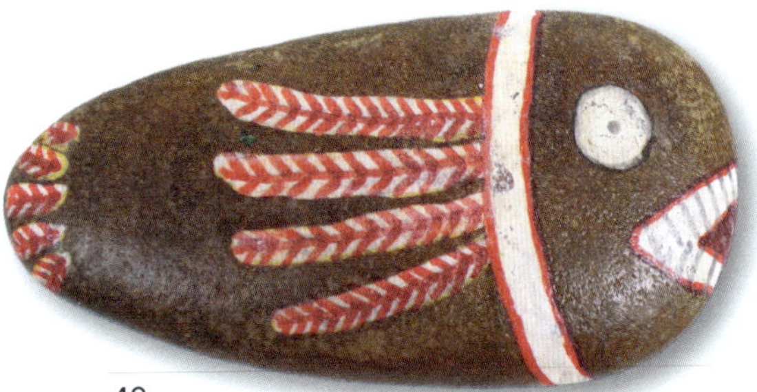

活动目的

此项活动可以在户外进行，尽享亲近自然的欢乐，同时训练孩子的灵巧性，激发他们的创造力。

活动场所

花园，公园，河岸，树林，庭院或是家中。

活动流程

首先，与你的孩子一起开心地寻找石头。石头的形状和大小可以不同，不过一定要平滑。用水或湿布清理石头再擦干，然后一个挨着一个摆放在孩子面前。准备一个颜料碗，一个洗涮画笔的水碗。现在，让孩子展示自己的创造力和色彩的敏感力，随其心意给石块涂色。你可以选择在户外进行此项活动，也可以收集石头，待下雨天时在家中进行。修饰完所有石块后，放在户外晾干，最后摆放你的水彩佳作，进行展示。年幼的孩子可以使用手指画颜料着色，摸索石头的物理特性。

用栗子制作人物

活动材料

10 ~ 15 颗板栗，橡子，造型黏土，剪刀，小刀，马克笔，火柴，牙签，浆果，欧芹或罗勒叶。

活动目的

此项活动锻炼灵活性、手眼协调能力，以及建构实操的能力，即在三维空间中将多个物体进行组合的能力。它可以帮助孩子练习专注力，提高其创造力。

活动场所

长满栗树的树林间，或是家中。

活动流程

如果有机会就去林间采集栗子，篮筐装满栗子真是令人开心愉悦。将所有材料摆放在你面前的桌上，或是舒适的工作台上。取一个栗子，用刀尖或是锋利的大针头钻四个小孔。将两根火柴从中间掰断，插入栗子的钻孔内，制作四条腿。现在你可以使用造型黏土制作它的眼睛、鼻子和嘴巴，贴在栗子上。你可以根据喜好，多多变换栗子上的装饰物。你也可以使用马克笔进行装饰，不过栗子就只能成为单一的人物。接下来，你可以添加各种装饰元素，例如用牙签插入浆果，装饰上欧芹或罗勒叶。你还可以用橡子把几个栗子连接起来，将各个部分固定在牙签的一端，制作人物的躯干和头。

绘制生活中的花朵

活动材料

一本信纸大小的插页画册，或一个帆布画架；石墨铅笔 (HB)，一块橡皮，一个铅笔刀，彩色铅笔，也可以使用海报颜料、画刷、彩色蜡笔或手指画颜料；一把折叠椅。

活动目的

此项活动亲近自然。它锻炼了孩子的建构实操能力、选择性注意力和专注力，还有助于培养孩子的定力。

活动场所

花园，公园，树林或花坛。

活动流程

步入树上开花或是地上有花的环境，找出最引人注目的那朵花。把你的画架放置在花前，

难度等级：低

4岁以上

需成人监管

铺上画布，或者可以在你的腿上放一张纸。坐在椅上或是席地而坐，进行花朵素描或绘画。查看每一处细节，从侧枝到主茎再到花瓣，尽可能加以复现。最后，为画作上色。

大龄儿童可以打印出花朵的图像，在自己的现实生活中加以寻找。他们可以选择使用任意材料，绘制或用画刷涂色均可。

低龄儿童可以用彩色蜡笔或手指画颜料绘制花朵。

取材自然，
制作简单的模板和印章

活动材料

几片叶子，一个甜椒，一个苹果，一个洋葱，一把小刀，水彩颜料或食用色素，一把画刷，几张打印纸或硬纸板。你可以使用任何不再食用的水果或蔬菜。

活动目的

此项活动培养手眼协调能力，促进孩子触觉的发展。

活动场所

家中。

活动流程

准备好模板材料。选择尚未风干的叶片，这样的叶片不会碎裂。用画刷给叶片涂上你喜欢的颜色；你也可以用水彩颜料上色。接下来，切削选好的水果蔬菜，如甜椒、洋葱、苹果等，用水彩颜料或食用色素为其内壁着色，这样就能重复使用这些食物。拿起一张纸或纸板，将水果或蔬菜倒转过来，按压在纸上片刻。瞧！你做好了一枚印章。让孩子尽情享受在纸张或纸板上制作自己喜欢的各种模板。

用土豆印章制作星空

活动材料

一个存放较久的大土豆，一把小刀，一个星形饼干刀，水彩颜料或食用色素，一把画刷，蓝色或黑色的海报板。

活动目的

此项活动培养精细运动技能。

活动场所

家中。

难度等级：低

2岁以上

需成人监管

活动流程

与孩子一起清洗土豆，擦干水。将土豆横切成两半。看看你能否找到宽度小于5.08厘米的饼干刀，将不锈钢星形饼干刀插入每一半土豆，用力按压，这样便将饼干刀压入其中。用小刀削去星形印记周围的土豆。和你的小朋友一起给星形印记涂上白色或黄色。让孩子在海报板各处随意印上星星印记，开心嬉戏。你们可以多使用几种水彩或食用色素，给用土豆挤压出的星星印记上色，继续用印章盖满海报板。活动完成后，你将获得一片美丽的星空，可悬挂在卧室的墙壁上。

用放大镜观察托盘

活动材料

大自然中的各类元素，如树叶、树枝、小草、泥土、岩石和鲜花；一个托盘；一个放大镜。

活动目的

此项活动鼓励孩子仔细观察大自然的不同元素，锻炼选择性注意力和专注力。

活动场所

公园，森林，花园，或是家中。

活动流程

首先来到森林或公园，收集任何“观察托盘”上令人感兴趣的材料。你可以收集树叶、树枝、树皮碎片、岩石、小草、泥块、花朵，诸如此类能激起孩子好奇心的东西。回到家后，将所有物品放在托盘上。如果你喜欢，可以将它们收集在小玻璃广口瓶内，或是小袋中，因为这样它们便不会损坏。把孩子的观察工具给他们，即放大镜。演示其使用方法，解释其工作原理，说明镜头可以把图像放得很大，让人更好地观察细节。

让孩子尝试使用放大镜，一边裸眼观察可见物体，一边用放大镜观察物体，然后谈一谈二者之间的区别。每隔一段时间，更换托盘上待观察的物体。

取材自然，制作家居挂饰

活动材料

一卷细绳或棉线，一卷钓鱼线，一把剪刀，一个大号针，一打木衣夹，叶片，鲜花，橡子，贝壳。

活动目的

此项活动可以锻炼建构实操能力、精细运动技能及专注力。

活动场所

花园，公园，树林，或是家中。

活动流程

从大自然中采集一些物品，如树叶、树枝、花朵、橡子、松果等。你可以在公园、花园或树林中进行采集。与孩子一起，确定想用挂饰装饰的屋中墙壁或其他结构。取一些细绳或钓鱼线，裁至与待装饰空间相宜的最佳长度。拿几个木质衣夹，将自然取材的物品逐一挂于绳上。对于大龄儿童，你可以尝试使用钓鱼线、大号缝针或棒针，将树叶或贝壳之类的几样物品缝在一起。你只需用针穿一个洞，穿入绳子，把叶片连在一起。不过，如果是贝壳的话，要先由成年人用小刀在每个贝壳尖端钻一个小孔。如果贝壳很大，你可以选用棉线，一个接着一个串起，顶部留下的那段绳子要长一点。将这段绳的末端打结，系在一根较粗的绳子上，最好是系在树枝上。重

复这一过程，准备三至四根绳子，接下来将这些绳子一根挨着一根系在树枝上。你制作的自然挂饰向下垂落，把树枝的两端固定到门上，或是拱门上，悬挂起来。如果你家有一个新生儿，你可以制作这款漂亮的自然挂饰，将它悬于婴儿床的上方，或是悬于床旁，自然挂饰可以吸引新生儿的关注。

用蒲公英作画

活动材料

蒲公英切花，海报颜料或水彩颜料，几张信纸大小的打印纸，一把剪刀。

活动目的

此项活动让孩子保持与大自然的联系，提高精细运动技能及创造力。

活动场所

公园，花园，或是家中。

活动流程

你可以与孩子一起采集草坪中发现的蒲公英花。剪下每朵花的花茎，留出你持握所需的长度。用盘碟承装海报颜料或水彩颜料，每一碟承装一种颜色，将花朵轻轻浸入其中。用你喜欢的颜料浓度进行尝试，按需加入几滴水。现在，尽情享受用鲜花印制图样的乐趣，或者像使用画刷那样用花在纸上作画。你可以画出圆形来绘制肥皂泡，或是花朵、豹纹等。让孩子自由地创造自己喜欢的任何事物。等待设计出的图样晾干，再悠闲地欣赏自己的佳作。在一年中的不同时期，你可以用院中或公园里找到的其他种类的花瓣，重复进行这项活动。

用大小不一的光滑石块
搭建石塔

活动材料

15 ~ 20 颗光滑扁平的椭圆形石头，五个帆布袋，一把鞋刷或一支旧牙刷，一碗水，一块抹布。

活动目的

此项活动让你体验户外活动，亲近自然。它锻炼了知觉分化（perceptual differentiation）[1]，以及孩子的专注力、定力和动作控制能力。

活动场所

海滩上，路边，或是假山园林中。

活动流程

与孩子一起前往石块遍布的场所，如河岸、鹅卵石滩或假山园林。收集大小各异的石头，凑够至少五或六组石头，石块越来越大。尽量选择平滑且不太厚的椭圆形石头。你可以根据大小将石头收入不同的袋中，大石头至少要有 25.4 厘米，用作石塔的基底，石头越往上越小，最小的约 5.08 厘米。在碗中清洗石头，清除所有残留的污垢，再用抹布擦干。如有需要，可用一把鞋刷或一支简装旧牙刷清理石头。接下来，寻一块平坦之处，开始搭建石塔。自小至大排列石头袋，拿起石头，从最大到最小逐一叠放。注意要让孩子努力保持石头的平衡。

低龄儿童可以按照大小顺序排列石头，试着只用 2 ~ 3 块石头，制作简单一点的石塔。

1 知觉分化（perceptual differentiation）是 E.J. 吉布森在 1969 年提出的儿童知觉发展理论。他认为，世界充满着数量巨大且无序、混乱和不确定的刺激，它们总是超过有机体所能接受和运用的限度，使儿童感到有点不知所措。因此，在儿童知觉发展的过程中，必须发展他的知觉技能，使他学会根据事件和对象的形式、属性和特征对刺激进行区分，以鉴别、分类和组织他所遇到的刺激，有效地处理刺激环境。

分离种子，发挥精细运动技能

活动材料

一个大号杯；各种种子，如玉米、南瓜、干黄豆、干扁豆、干鹰嘴豆等；
几个用于盛放种子的玻璃杯。

活动目的

此活项动训练孩子的精细运动技能及视觉和触觉的知觉分化。

活动场所

家中。

活动流程

此项活动简单易行，使用任何材料都可进行，不过此处使用的是颜色各异、大小不一的种子。让孩子将各种种子混合放入一个大号杯中。准备好几个玻璃杯或广口瓶，一个容器盛放一类种子，在盛放混合种子的杯前摆放成一排。演示如何进行练习，将一种种子放入一个玻璃杯中，随后让孩子独自进行活动。

此项活动同样适合低龄儿童，不过考虑到种子存在危险性，不建议他们进行该活动。或者建议在成人严格的监督下进行。

用彩色粉笔和花瓣制作坛城[1]

活动材料

一盒彩色粉笔，一袋彩色花瓣。

坛城（Mandala）梵文的音译曼陀罗，源于古代印度的密宗修法活动，用于防止魔众的入侵，在一个圆形或者方形的土坛上绘出本尊神及眷属众神聚居处的模型缩影。画坛城之前，僧人先用白石灰在地板上铺陈出一些呈几何形纵横交错的八宝格作为“基准线”，在基准线上填放不同彩色颜料的沙子，形成震撼人心灵的艺术形式——沙画坛城。

活动目的

此项活动提高了定力和专注力，同时释放了孩子的创造力。

活动场所

家中后院，花园，公园，庭院，或是家中。

活动流程

在花园或公园里，收集一袋颜色各异、大小不一的花瓣，接下来在庭院里或小路上找一处平地。或者下雨天时，在家中地板上放一块大硬纸板，用作坛城的基座。用粉笔画一个大大的圆，在圆内进行绘图。在互联网上进行查找，在搜索引擎中输入“坛城”，即可找出设计图案，你可以设计预定的图案，也可以让孩子随意绘制自己喜欢的形状。孩子可以用彩色粉笔设计图案轮廓，然后将花瓣摆放在绘制的线条上。

雪地彩绘

难度等级：中

3岁以上

需成人监管

活动材料

三个或多个挤压瓶，水，粉彩或调味粉。

活动目的

可开展冬季户外活动，激发创造力。

活动场所

有积雪的地方。

活动流程

一次雪山之旅或是花园迎来首场大雪便是绝佳良机，可以在雪地上进行彩绘及设计图案。首先，准备几个带喷头的容器，每个容器装一种选用的颜料。将水和粉彩混在一起，也可以使用调味粉，如姜黄、辣椒粉、咖啡、藏红花等。重要的是瓶中装有喷挤的液体颜料。寻得一块雪地，在雪上喷色，制作图案，进行塑形，或只是喷绘成片的色彩，尽情享受其中的乐趣。

根据图片，用干果和谷物制作花样拼图

活动材料

颜色各异、大小不一的种子、谷物和浆果，
如白豆、黑豆、红扁豆、绿扁豆、橘核、豌豆、南瓜子、黑胡椒、鹰嘴豆、山楂果，盛放种子的广口瓶，一张打印纸、一张木质平台或硬纸板平台，胶水，一支铅笔。

活动目的

此项活动训练手眼协调能力和精细运动技能。

活动场所

家中。

活动流程

汇集大小不一、颜色各异的谷物和浆果，你可以在干货店出售的各类商品中选择，用以制作各种花样拼图。首先，打印花样拼图的构图图片，或用铅笔将图样绘制在一张纸或硬纸板上。举个例子，你可以制作图像所示的设计图案，如蝴蝶、胡萝卜、毛毛虫、鱼、蜥蜴、南瓜及一块西瓜。将谷物分别放入不同的广口瓶或其他容器中，接下来把容器摆放在你面前。一次取一种谷物，如图所示将其摆放在图片上。熟悉这些设计图案后，你就可以制作图案的终极版本。在每颗种子上涂胶水，再将其粘在预备图片上的相应位置。一幅取材大自然的精美图片就完成了！

用树叶制作图案

活动材料

形状多样、大小不一、颜色各异的树叶；
自粘眼睛工艺贴纸；一张纸，硬纸板或平木板。

活动目的

此项活动训练建构实操相关技能。

活动场所

公园，花园，或是家中。

活动流程

在公园或花园中，收集形状多样、大小不一、颜色各异的树叶。特别要寻找又大又圆及狭长带尖的树叶；另外还有椭圆形和圆形的中等大小的树叶。将树叶分成几堆，再将其放在工作台前，工作台可以是一块纸板、一张打印纸，甚至是一块木质砧板。接下来，按照此处插图提示的步骤制作猫狗图案。你可以选用备用贴纸或种子进行装饰，例如制作两只眼睛或一个鼻子。

用豆类制作小鸟

活动材料

两个装满红色和黑色扁豆的广口瓶，黑色硬纸板或海报板，白色的宽芯铅笔，胶水或一管胶棒，针和线。

活动目的

此项活动发挥手眼协调能力和精细运动技能。

活动场所

家中。

活动流程

用白色铅笔在一块黑色海报板上画出麻雀的形状。再把它剪下来，用针在顶部打一个小孔，这样你就可以用线把它挂起来。用胶水或胶棒涂抹设计图案的表面。如图所示，将黑扁豆和红扁豆一一粘上。你还可以决定制作几只色彩更丰富的小鸟，将不同颜色的扁豆混合使用。

难度等级：中

需成人监管

3岁以上

用木头制作动物图像

活动材料

形状各异、大小不一的木条和木块，装饰用的种子和树叶。

活动目的

此项活动训练感知技能及建构实操的功能。

活动场所

公园，花园，林间，沙滩上，或是家中。

活动流程

在公园、花园、树林或海滩上，你可以收集大小不一的木条。你还可以从原木中收集小木块。用布清理木条、木块，不留一点污垢。低龄儿童可以玩木条排大小，按大小递增或递减的顺序进行排列。大龄儿童可以利用木块的不同形状和纹理制作

动物图像。你可以用种子或树叶进行细节装饰。此处的图片可供参考。

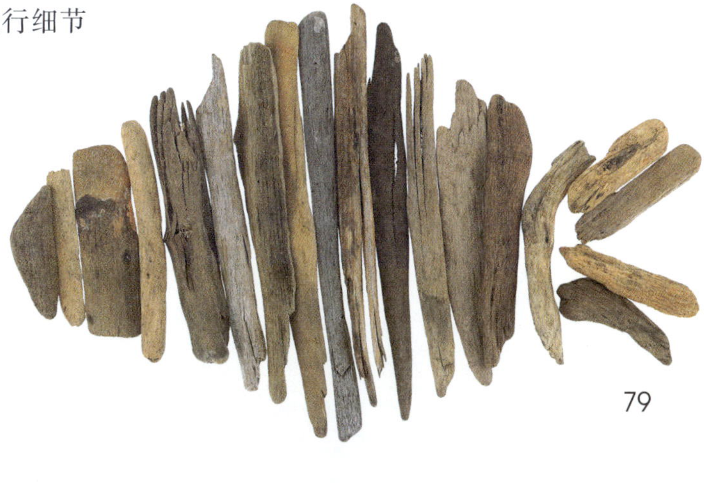

自然运动

亲身体验，用自己的身体来探索，这是了解自然的最佳方式。所谓的大肌肉群活动技能，是指影响身体多个部位运动的技能，随着时间的推移，我们逐渐形成并适应了久坐不动的生活方式，因此该技能的练习越来越少。然而，这种适应性并不能满足儿童的需求，相反他们迫切需要跑、跳、蹦、爬，学习发挥自己身体的功能。

以下活动在户外开展，在树林中，在公园里或是花园里。这些活动让你通过感官层面了解自然，同时还可以训练孩子的运动技能，跳进水洼，在老树粗大的根干上保持平衡，或者前去发掘隐藏在灌木丛中的奇观。自然环境是我们拥有的多样化程度最高，也是最刺激、最有趣的学习场所。在即使打着赤脚也能确保安全的环境中，让孩子们自由探索，四处活动。不要影响他们进行观察、专心投入的时刻，放慢你的脚步，让他们欣赏自己发现的一切。切实重视他们的观察力和好奇心。

雷雨过后跳水洼

活动材料

一双雨靴。

活动目的

此项活动促成孩子无拘无束、敞开心扉地亲近大自然。

活动场所

任何有水洼的地方。

活动流程

即使在阴郁的下雨天，依然有机会探索大自然。倾盆大雨过后，让孩子穿上一双雨靴，给他们体验的机会，走出家门，水洼令他们萌生兴趣，留心水洼的颜色，观察投入鹅卵石时泛起的涟漪，注视水洼映射出的景象。当然，一定要让孩子双脚跳入水洼中，去自由体验水中的感觉，双脚一起跳跃，或是快速跺脚，激起水花飞溅。你定会享有一段美好时光！

跳石头

活动材料

舒适的鞋子。

活动目的

此项活动促成孩子无拘无束、敞开心扉地亲近大自然，锻炼运动技能。

活动场所

林间，或是公园中。

活动流程

当你置身树林或公园中，看到巨石或石头排成一排，或是相距不远时，趁此机会让孩子练习保持平衡，双脚齐跳。选择不具风险性的石头平面，高度要适合孩子的年龄。你可以让孩子握住你的手，开始

跳跃体验。控制好自己的身体，孩子就能轻松自如。

行走中保持平衡

活动材料

舒适的鞋子。

难度等级：低

2岁以上

需成人监管

活动目的

此项活动促成孩子无拘无束、敞开心扉地亲近大自然，训练运动技能和身体觉知。

活动场所

林间，或是公园中。

活动流程

置身树林或公园中，在遇到树干或树根时，你可以停下脚步，趁此机会让孩子练习控制躯干觉知能力，保持平衡，这样就不会跌倒。可以在旁边扶着他们，并让他们尝试在树干上面行走，试着找到正确的平衡方式，这样就不会跌倒。向孩子演示活动的方法，接下来敦促他们进行尝试，观察他们脚部、腿部、手臂和背部的姿势。在各种平面上重复开展此活动。你还可以用手把牢低龄孩童，让他们来玩平衡游戏。

草坪上翻跟头

活动材料

如有必要，在地上铺一条毛巾，孩子可以躺在上面。

活动目的

此项活动在亲近大自然的同时，提供了切身体验的机会，提高身体觉知，锻炼运动技能。

活动场所

公园，或是家中后院。

活动流程

只要在公园或后院中发现一片修剪过的草坪，你就一定不要错过活动全身的训练机会。试着翻跟头，可以让孩子增强自己的动作意识。你们可以先并排躺在草坪上，腹部向上，感受自己与小草的亲密接触，描述自己有何感受，激发

身体的触觉。接下来，你可以先做侧身翻滚，将整个身体先移向一侧，再移到另一侧，体验有何感觉。

最后，用肘部和膝盖在草地上爬行。你可以进行小小的比赛，爬行至某处目标。

你可以让 5 岁左右的大龄儿童翻跟头。逐步向他们演示活动方法，在各个环节中给予他们帮助。通过这种方式，他们练习身体动作会更加安全，更加自觉。

赤脚行走:
一次感官体验之旅

活动材料

活动后用于清洁的湿纸巾；或是一个碗，一瓶水和一块肥皂。

难度等级：低　　1岁以上　　需成人监管

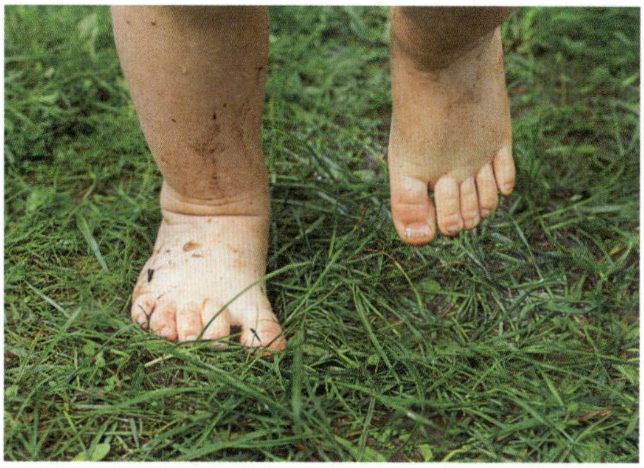

活动目的

此项活动可以培养孩子的运动技能，改善不良体态，激发触觉感知，推动探索自然环境。

活动场所

树林，公园，花园，或是海滩。

活动流程

设想一下置身于树林、公园或是花园之中。让孩子赤脚行走，这样他们就可以体验与大地的亲密接触，感受大地的各种特征。如果可以，你也去亲身体验。留意亲近大地的感觉，感受大地的构造，是热还是冷，是否散发出强烈的气味，是柔软、干燥还是潮湿，是否湿滑，等等。留意从石子路走到泥土地、青草地或是干涸的土地时，感觉发生了怎样的变化。如果未能发现地表的不同特征，你可以在地面摆放一系列多元材料，营造一次感官之旅，例如又大又光滑的石头、剪下的花瓣、树叶、沙子、潮湿的土壤等。

只要地面适合赤脚安全行走，没有玻璃、塑料片或是厚重的碎片，就可以让幼儿随意探索，行走在草地上，走入田野中，或是漫步在海滩沙地上。

户外寻宝游戏

活动材料

一张待寻物品的照片，报纸或杂志的剪报也可以，
一个小背包，一个广口瓶或一个用于收集寻得物品的小罐子。

活动目的

此项活动促成探索自然环境，培养选择性注意力及视觉识别力、定力和耐力。

活动场所

海滩，树林，公园，花园，或是果园。

活动流程

选择一处目的地，挑选在选定场所容易寻得的几种材料，例如，海滩上的贝壳、

林地上可食用的蘑菇、公园中的松果、果园中的草莓或草地上的雏菊。你可以打印一张待寻物品的照片，随身携带。仔细查看照片中的物品，注意其形状、颜色和大小。和孩子一起想一想，在哪里更容易发现它，是在地上、大树上还是灌木丛中。

探访季节

活动材料

一个画板，彩色铅笔，一个盒子，四季独有的不同时节照片。

活动目的

此项活动让你体验自然的不同时节，激发观察的好奇心。它有助于在切身体验中学习不同季节的概念，以及代表各个季节的自然变化。

活动场所

公园，花园，树林，菜园，或是果园。

活动流程

我们现在身处哪个季节？哪些自然元素提醒我们注意当下季节？这些是你开启

难度等级：中

4岁以上

需成人监管

此项活动时需要认真思考的问题。与孩子谈论这些问题，让他们更多地了解季节的概念及时光的流逝。去翻看书籍和杂志，看一看展现一年中不同时节的照片，试着观察与季节有关的各种重要细节内容。接下来行至户外，奔向一朵花，或是步入菜园、公园或树林，缓步慢行，寻找能识别当下季节的元素。仔细查看林木，寻觅树叶、花朵、树芽或是果实。去菜园能看到时令蔬菜，去果园能看到时令水果。你可以让孩子为自己找到的每件物品画一幅画，再将寻得的所有物品都收入一个盒内，一个盒子代表一个季节，这些盒子必须留存一整年。如果愿意，你也可以拍摄照片。

一次四季轮转即将结束时，回顾一个季节流转到下一季节发生的变化，真是令人神往。你可以一起参与此事，看看孩子的照片或画作，或是收入盒中的物品。

以下是寻觅事项的示例：

冬季：冰雪，封冻的大地，冰层，冬季的浆果，温暖气候出产的柑橘类水果。

春季：花蕾，草甸花，燕子，蜜蜂、蝴蝶、瓢虫之类的昆虫，草莓植株。

夏季：绿叶及树上的果实，干旱的土地，一片西瓜田。

秋季：黄色、橙色或红色之类五颜六色的枯叶，松果，栗子，一片南瓜地，一片结满玉米穗的土地。

观鸟

活动材料

一台用于上网的计算机，也可以是一部鸟类百科全书，一台打印机，一个双筒望远镜。

活动目的

此项活动为探索自然量身打造。它可以激发孩子的好奇心和感悟能力，提升定力、自控力和挫折管理的能力。

活动场所

公园，家中后院，树林，菜园，或是果园。

活动流程

孩子们经常被这些有飞行能力的小东

西所吸引，我们要充分利用他们的好奇心，试着多多了解他们。上网进行信息检索，在林间、花园里或你家附近的公园中，可能发现哪些鸟类种属。选择其中最容易寻觅的几类，打印每种鸟类的照片。与孩子一起，检索所选择的各种鸟类习性的相关信息，例如觅食、筑巢地点等。既然你了解了所需信息，那么带上这种鸟类的照片，来到可能遇到小鸟的场所，如后院、菜园、果园、公园或树林，去寻找你的小鸟。与孩子一起讨论鸟儿的身体特征，如羽毛、色泽、大小、鸟喙，尝试在鸟类生活的环境中进行识别。一旦发现小鸟，驻足进行观察，如有必要，可借用双筒望远镜。要缓步慢行，一定不要发出太大声响，以免惊吓鸟类，记住这一点非常重要。为了激励孩子，你可以先从容易遇到的鸟类着手，例如麻雀。如果你未能邂逅所选择的鸟类，安慰孩子不要灰心丧气，说服他们多多外出寻找，仿佛这是在做某个寻宝游戏或者捉迷藏。

关爱生命

关爱弱小的生命，无论是植物还是动物，都能满足孩子们与生俱来的本能。自幼年开始，我们的孩子就已经需要去体验如何呵护某人某物，了解怎样开展一系列的行为活动，旨在保障其他生命的福祉，尤其是对那些人们认为更弱小或更脆弱的个体。培养孩子的这种天性至关重要，这样他们才能学会意识到他人的需求，从而学会在群体中生活。可以种植幼苗，每天打理阳台上的一株小幼苗，或是养护穿孔盒子里的一只小蜗牛，便足以满足所需，也可以去草地观察昆虫，同时学习不要干扰它们在自然环境中的行为方式。

如果所有活动儿童都可以独立完成，那么他们便可直接参与，而不是一动不动地站在那里，观察成年人的举动，这样的活动大有裨益。让孩子进行播种，挖开土壤，用一把小耙子或小铲子翻土；用喷壶给幼苗浇水，用抹布擦拭干净；或者用手搅拌鸟食，滚制成球。观察各种形态下的自然也是一种非同寻常的教学形式，可以教授生命的潮起潮落，及其由生至死的不同进化阶段。以下所有活动都与专注力有关，要求孩子注意自己的动作，耐心等待。孩子会从错误中吸取教训，看到自己精心呵护的成果而欣慰不已。

玻璃广口瓶中种植豆芽

活动材料

一颗豆子，一个玻璃广口瓶，几张纸巾或几个棉球，一杯水，或可选用一台相机。

活动目的

此项活动引领孩子进一步了解生命的周期。它可以锻炼孩子的专注力、定力和耐力，帮助他们理解时间推移发生变化的意义。

活动场所

家中。

活动流程

演示生物的生命周期有一种最简单、最有趣的方法，就是种植豆芽。你可以选用一颗生豆子，因为它很快就会发芽，所以深受孩子喜爱。和孩子一起取一个玻璃广口瓶，瓶内塞满纸巾或是棉球。让孩子将豆子放在纸巾或棉花上，贴瓶壁放置以利于在原处生长。向孩子说明，豆子需要包裹在一个温暖的窝中才能生长，所以它必须保持原位。现在，取一杯水，向孩子说明，需要马上给瓶内倒点水，留些时间让纸巾或棉花吸收水分。如果愿意，你可以让孩子用茶匙浇水，以便更好地估测水量。若纸巾或棉花吸足水分，种子便拥有了生长所需的诸要素。暂时告别你的豆子，希望它可以养足精神。将广口瓶放入柜中或是用布遮盖的篮内，保暖避光。让孩子每2小时检查一次潮湿程度，每当纸巾或棉花

儿近干燥时便要加水。要有信心、有耐心，一起等待嫩芽初绽。在吐芽之时，欣然迎接这一意义非凡的生命奇迹！随后，一定记得把你的广口瓶置于阳光下，因为现在豆芽需要光照才能生长。

对于低龄儿童来说，等待可能令人厌倦，所以让他们同样参与到广口瓶的准备工作中来，把豆子放入瓶中之前，允许他们把玩诸如水和棉花之类的工作材料。接下来，你可以在准备工作伊始便拍摄广口瓶的照片，每一点变化都会永远留存下来。随后，孩子可以追溯嫩芽初成和生长发育的各个阶段，将照片按照顺序进行摆放。

小南瓜内种植种子

活动材料

两个圆形的小南瓜，一个咖啡勺或一个勺子，一袋土壤，一把小刀，一个喷壶。

活动目的

此项活动引领孩子进一步了解生命周期。它磨炼了他们的专注力、定力和耐力，有助于理解时间推移发生变化的意义。

活动场所

家中。

活动流程

这是一项简单易行的趣味性活动，要有耐性。取出两个橙色的小圆南瓜，就是万圣节用作装饰房屋的那种南瓜。用刀切开顶部，仿佛这就是一个盖子，而南瓜是一口锅。与孩子一起观察南瓜里面有多少种子。接下来，继续进行最有趣的部分，让小朋友用咖啡勺或勺子在南瓜中填满泥土，小心地将泥土均匀地撒在瓜内。一次浇一点水，注意土壤保湿，不过水不能溢出南瓜。教会孩子估测水量。如有助益，浇水时使用勺子、咖啡量杯，或是有小孔的儿童用喷壶。将南瓜置于户外，享受空气和阳光，定期浸浴其中。现在你必须做到不厌其烦，因为观察结果需耗用几天时间，要鼓励孩子保持信心。

对于低龄儿童来说，等待可能无聊难耐，所以让他们参与到准备工作中来。让他们在土壤与水分的变化中进行游戏，让等待变得饶有趣味，引人入胜，仿佛在等待一个惊喜。白天花些时间进行检查，看一看南瓜的生长情况，和种子聊聊天，给它们浇点水。

还有，你可以进行拍照，捕捉种子的生长过程。

雨后寻找蜗牛

活动材料

一双雨靴。

活动目的

此项活动让孩子进一步贴近在户外生活的小动物的世界，训练他们的专注力、定力和耐力。

活动场所

家中后院，庭院，林间，公园，或是菜园。

活动流程

每场暴风雨都是一次绝佳良机，因为它可以让孩子们了解天气及自然的力量。他们可以体验悲伤或恐惧的情绪，明了这样的情绪不会持久，因为每次风暴过后，都会迎来开心玩耍的好机会。例如，去户外寻找蜗牛！这些小动物原本是水生动物，所以每当它们能够再次享受水中乐趣时，绝不会错过机会。最常见的蜗牛呈球形，壳上有彩色或单一颜色的条纹。它们在冬眠时藏身于地下深处，但下雨时会出来饮水。首先，你可以和孩子在互联网或百科全书中搜索蜗牛的信息，接下来穿上雨靴，走入你的花园、庭院、树林、公园或菜园，寻找它们停留的痕迹。有蜗牛的地方会留下白色的、黏糊糊的、亮闪闪的痕迹，你可以在墙壁上、石头上、树根处及树叶下看到这些痕迹。尽享寻找蜗牛的乐趣，一定要记住，它们喜欢隐身，擅长攀爬，行进缓慢。你找到几只蜗牛时，要避免破坏它们行进的方向，静静地进行观察，从从容容，不要走动。

准备一个小鸟的家

活动材料

一座木屋或者一个木箱或牛奶纸盒，海报颜料。

活动目的

此项活动锻炼了实用能力和精细运动技能，让孩子更加贴近鸟类的世界。

活动场所

家中。

活动流程

还有一项孩子们觉得趣味盎然的体验，就是亲手为小鸟建一个鸟巢。你可以使用售卖的成品木屋，用体现自然环境的中性色进行涂色。或者，你可以用木板自己搭建鸟巢。再或者，你可以使用中等大小的

难度等级：高

3 岁以上

需成人监管

高边木箱，在前壁开一个洞。还有，你可以使用一个简装的牛奶盒，在其最宽一面的顶部开一个洞，方便小鸟进出。请记住，洞的直径必须达到 2.5 厘米左右，足以让体形不大的小鸟进出。小屋保持开放以便定期清理，在屋底打 4 个孔以便排水和屋内通风。所涂颜色要能融入周边环境。小心地把它挂在高处，安放在一个你不经常经过的偏远位置。等待你的小房客的到来，然后观察它的行为，避免干扰，保持安静。

种植沙拉蔬菜

活动材料

一颗生菜，一把小刀，一个广口瓶，一杯水，一个木箱，一包土壤，一个小耙子。

活动目的

此项活动锻炼精细运动技能，培养孩子的定力和耐力。它有助于他们理解生命周期及随时间推移生命会发生变化的概念。

活动场所

家中。

活动流程

不是每个人都能幸运地拥有一个菜园。如果你也是这种情况，大可以利用阳台的空间，甚至是家中的窗台来种植水果或蔬菜。种植生菜便是一例。取一颗生菜，去掉表层的叶子，切掉菜根部分。将切断的茎放入装有约 1.25 厘米土的容器中，倒入一些水，淹没菜根。随后把你的广口瓶放在窗户旁。要有点耐心，几周后，它就会冒出第一枚叶芽。每天换一次水，叶片清晰可见时，你就可以移植小生菜。将这颗菜移植到花瓶、小木箱或陶器之类的容器之中，让孩子尽享填充土壤的乐趣。接下来将其放回窗前，再等几天就能培育出你的新鲜沙拉蔬菜了。

阳台上建一个小菜园

活动材料

木箱，陶罐，或 38 厘米以上不同深度的容器；一袋鹅卵石或沙砾；一袋盆栽土；你想要种植的任何种类的蔬菜种子；一个喷壶；一包肥料。

活动目的

此项活动锻炼精细运动技能。它还可以培养孩子的责任感、定力和耐力，帮助孩子理解时间变化的概念。

活动场所

阳台上。

活动流程

如果你拥有一个露台或一个大阳台，是时候种点蔬菜，建一个小菜园，让它生机盎然。收集大小不一的容器以容纳不同品种的蔬菜，陶罐、木箱，或深度 38 厘米以上的其他回收容器，都可以使用。举个例子，若是西葫芦，选择 50 ~ 63.5 厘米宽，38 ~ 50 厘米高的容器。西红柿、辣椒、茄子、土豆和黄瓜，可以种植在 38 ~ 50 厘米宽，30.5 ~ 38 厘米高的容器中。生菜、洋葱、罗勒、欧芹和大蒜所需空间很小，直径 17.78 ~ 30.5 厘米，高 15.24 ~ 17.78 厘米的容器即可。让孩子将一捧鹅卵石倒入容器底部。现在，让他们将盆栽土填入罐中。将你选择的蔬菜种子放入其中，确保其根部用土盖好。保持水分充足，阳光充沛，空气流通。若是西红柿，你可以插上竹签。每月施肥一次。确保土壤湿润，定期少量浇水。这需要投入毅力和耐心，不过几个月，你的小植物就会充满活力。

打理
室内绿植

活动材料

一棵室内绿植，最好是大叶植物，一个喷壶，一块抹布。

活动目的

此项活动激发孩子对生物的责任感。它需要行动的时序规划及前瞻性记忆[1]，培养孩子的因果逻辑能力及自控力。

活动场所

家中。

活动流程

就连室内绿植也可以提供亲近自然的良机。选择一种大叶绿植，委托孩子根据你的指令给植物浇水。让他们找一个小喷壶和一块抹布。告诉孩子，幼苗需要他们每周给予几次帮助。向他们说明必须检查土壤的干湿度，必要时浇水。他们必须留意叶片上的灰尘，用湿布进行清理。孩子必须记住，植物需要光照，因此要确保它始终摆放在屋内光线充足的地方，但不要暴露在直射的阳光下。如有必要，你可以每年移植一次植物，移植到大一点的盆中，留心其根部的生长情况，让孩子做你的助手。

小朋友可以用抹布清洁叶子，借此锻炼他们的运动技能，你需要敦促他们记得给植物浇水。

1 前瞻性记忆（prospective memory）是人类最重要的认知功能之一，指对将来某一时刻要做的事或任务的记忆，是相对于回顾性记忆的一种记忆。前瞻性记忆分为两种，一种是基于时间的前瞻性记忆，一种是基于事件的前瞻性记忆。前者是在某一时间内完成规定的动作记忆，后者是在适当条件下完成规定的动作记忆。

制作小鸟的食物袋

活动材料

半磅人造黄油，相当于 1/4 磅带盖黄油两盒，一杯玉米粉，一杯小麦粉，一杯红糖或甘蔗糖，大麻籽，向日葵籽，甜点屑，核桃、榛子之类的坚果碎屑，花生、苹果片，燕麦片，碎米糕，三个或多个网兜袋。

活动目的

此项活动锻炼精细运动技能，让孩子更加亲近鸟类的世界。孩子可以看着小动物到访进食，享受到自己工作带来的满足感。

活动场所

家中。

活动流程

最寒冷的季节到来时，我们可能会记起我们的朋友小鸟，为它们准备一些营养食品，帮助它们应对冬季的来临。和孩子一起，多准备一些玻璃杯或酸奶容器来承装食材，可以从此处推荐的材料中选择家中现有的食材。把备好的各种种子和面粉混放入一个碗中。人造黄油放在炉子上或微波炉中加热几分钟，待完全融化时，将其倒在碗中的混合物上。首先用木勺进行搅拌，再让孩子用手揉面团。让孩子将其揉搓成球，每个球大约网球大小，把面团揉好，再放入冰箱冷藏。拿起网兜袋，每袋放入一个面球。所有袋子系紧后挂在高处，避免受到猫或其他潜在陆生捕食者的破坏。如果找不到网袋，可以使用橙子，将其对半切开，挖出橙肉，置于窗台或架子顶层。与孩子一起等待第一只小鸟的到来，看着孩子不辞辛苦用小手制作的那个面球，成为小鸟的腹中之食，这真是开心满意！

在互联网上或百科全书中搜索来到你家进食的鸟类的知识。把有关信息读给孩子听，介绍这种鸟的体貌特征及生活方式。

用放大镜观察户外小昆虫

活动材料

放大镜。

活动目的

此项活动要求孩子具有观察力、选择性注意力和专注力，促成练习自控力和耐力。

活动场所

家中后院，菜园，公园，海滩边、林区内或是庭院中。

活动流程

每处场所都可能是探索自然世界及其娇小居民的绝佳机会。当你踏入公园、花园，或只是来到自己的后院，都可以让孩子使用随身携带的放大镜。首先向他们展示放大镜的作用及操作方法。接下来让你的探险家自由探索昆虫世界。你可以提议孩子坐在草坪、沙滩、岩石或是树根上，凸镜贴向地面，仔细检查他们发现的一切。你可能会发现一排蚂蚁、一只悬在草叶上的小瓢虫，或一只正在织网的蜘蛛。停下脚步，一起进行观察，将凸镜贴近，以便观察得更清楚。保持克制，放慢动作，屏住呼吸，以防昆虫爬走。孩子会享受这一过程，观察每个个体的身体特征和行为方式。

创建、打理
一个小小的禅意花园

活动材料

一个低沿的盒子或方形托盘，一袋细白沙，一个小耙子，
白色或黑色的光滑的石头，蜡烛，植物幼苗，鲜花或树枝。

活动目的

此项活动可以让孩子形成定力，保持专注，刺激他们的前瞻性记忆，还能培养责任感。

活动场所

家中。

活动流程

打理一个小小的日式花园，就会接触象征生命的自然元素。找一个盒子或托盘之类的低沿容器。与孩子一起，将白色的细沙倒入其中，均匀铺满整个表面。现在，用植物幼苗、蜡烛、鲜花或树枝来装饰你的花园。让孩子在沙子上画线、画圈或其他形状，先是用自己的手指作画，接下来使用小耙子。动作务必缓慢精准，这样沙子就不会从托盘上落下。让孩子创作自己喜欢的形状。演示如何定期浇水清理，照管幼苗，接下来让孩子记牢过程，自己依样行事。

自然探索

蒙台梭利一直认为，在促成儿童的认知发展方面，探索关于世界的运行方式，包括世界的构成要素，帮助他们形成条理清晰的范畴概念的做法大有裨益。支持通过实践进行学习同样至关重要，能够让孩子建构清晰完整的现实印象。与简单的口头交流所提供的信息相比，这样形成的概念会更加牢固。

大自然为提升儿童的知识水平提供了丰富多样的思路，激发他们的好奇心，激励他们提出问题，寻找答案。如果个人兴趣、好奇心及内在激励成为学习的动力，儿童学习就会更全面、更持久。

因此，重要的是从小就要找到儿童的兴趣所在，提议进行的活动要与刚刚形成的开放思维保持一致。观察公园里的动物，聆听夜幕下的声音，透过显微镜观察星星或物体，或者利用自然界中的事物定义各种特征，如大小、形状和重量，这些活动都会使学习具有挑战性和趣味性。

户外识别南北

活动材料

一台相机。

难度等级：中　5岁以上　需成人监管

活动目的

此项活动让孩子在探索自然世界的同时，更加深入地了解视觉空间坐标。

活动场所

林间，公园中，或是花园中。

活动流程

以大自然为参照，孩子能够早早了解视觉空间坐标。走入林区、公园，甚至是花园，接下来选择一棵粗大的落叶类树木，最好是孤木。和孩子一起观察这棵树，它是否有一侧更加粗壮繁茂？树干和树枝是否向一侧倾斜？注意一下树木两侧的树枝，光照较多一侧的树枝会朝向光源沿水平方向生长，而光照较少一侧的树枝往往向上生长。你可能还会在光照较少一侧的树干上发现绿色的苔藓，它们通常生长在潮湿阴暗的环境中。如果你设法确定了这些元素，就意味着你已经识别了朝南和朝北的一侧。你可以对识别两侧的所有特征进行拍照，以便随后进行比较。

对于低龄儿童，你只需指出背阴的一侧称为“北”，向阳的一侧称为“南”。对于大龄儿童，你也可以让他们站在树旁边，张开双臂，向北观望。认定右手为日出的方向，左手则是日落的方向。

收集海滩垃圾

活动材料

乳胶手套，一个可生物降解的垃圾袋。

活动目的

此项活动旨在提高儿童保护环境的意识。

活动场所

海滩。

活动流程

有一种方法能善用在海滩上度过的时光，那就是收集海滩上的袋子或废弃的瓶瓶罐罐之类的垃圾。首先与孩子一起散步，检查一下是否有垃圾，指出垃圾对环境的破坏。接下来让孩子戴上乳胶手套，沿着你的路线行进，随身携带一个可生物降解的垃圾袋。你们一起收集遇到的废品，再将其正确投放至垃圾箱中。再次沿着同一片海滩漫步，让孩子注意到干净的海滩有多赏心悦目。孩子们自然会被井然有序、干净整洁的状态深深吸引，因此他们看到自己的工作成果就会非常开心。

学习回收

活动材料

三个盒子，三张信纸大小的打印纸，黄色、绿色和蓝色的记号笔各一只，一个广口瓶之类的玻璃器皿，一张纸之类的纸质物，一个塑料勺子之类的塑料制品。

活动目的

此项活动可帮助孩子了解不同物体构成成分的意义，以及将它们投放不同垃圾回收箱的重要性。这也有助于他们在活动中独立行事。

活动场所

家中。

活动流程

学习垃圾分类非常重要，对儿童而言也

非常实用。如果孩子习惯于每件物品都摆放在房中特定的位置，例如他们的玩具分门别类地放入独立的盒中，那么对他们而言，理解垃圾分类问题就会轻而易举，因为这是一项保持世界有序分类的重要内容。

与孩子一起，将三个盒子放在一起。每一个盒子上画一个圆圈，使用常规颜色来区分你所在空间里的活动材料。例如，蓝色代表纸，黄色代表塑料，绿色代表玻璃。以三个物体为例，一个是玻璃制品，一个是纸制品，一个是塑料制品。让孩子熟悉这三件物品，学会将其区分开来。举个例子，广口瓶是玻璃材质，这种材料较为坚硬，可以让孩子用手指轻敲玻璃，这样他们就能感受到坚硬度；玻璃又是透明的，可以让孩子透过玻璃看一看。向孩子演示，将玻璃广口瓶放在绿色盒子里。对一张纸及一个塑料制品进行同样操作。现在，你们一起环视房间，寻找一切可以找到的纸、塑料及玻璃材质的物品。做一个游戏，把每种物品放在相应的盒子里。把物品混放在一起，让孩子将它们重新摆放到各自的承装盒中。

孩子熟悉这些材料后，你可以从杂志或网上收集这三种材质物品的图片，如有可能，最好找到家中最常用的这些物品。与孩子一起，将它们粘在三张纸上，按材质分开，再将这准备好的拼贴画贴在家中不同类别的垃圾箱上。这样，孩子就可以记住各种物品该怎样投放。

识别大小：用果核和种子比较体积

活动材料

以下物品的种子和果核：鳄梨、樱桃、李子、桃子、杏、芒果、梨、苹果、橘子、橄榄、西瓜、葡萄，或是任何你能找到的物品。

活动目的

此项活动可帮助孩子借由感知比较、理解体积的概念。

活动场所

家中。

活动流程

将种子和果核放在孩子面前，让他们逐个检查。请记住，触觉探知始终是建构概念和类属的绝佳方法。你可以从不同维度的游戏着手，让孩子闭上眼睛坐在那里，双手伸开。将一个大果核放在一只手上，让孩子

用力挤压，描述有何感觉，是否可以轻松抓握，是否可以完全握在手中，或仅仅握住一部分。接下来，再在孩子的另一只手上放一个小点的果核，请他们描述感觉。最后，问一问两者哪个最大。玩完所有果核后，你可以让孩子通过观察再次比较各种果核。你可以将果核分成两堆，分别是小果核和大果核。最终，孩子可以按照大小顺序将果核逐一排序。

识别轻重：用水果和坚果比较重量

活动材料

开心果，腰果，榛子，核桃，杏仁和花生；
一个苹果，一个柠檬，一个草莓；一个厨房秤。

活动目的

此项活动可帮助孩子借由感知比较、理解重量的概念。

活动场所

家中。

活动流程

水果和坚果非常适合用来帮助孩子理解重量的概念。把所有的水果和坚果摆放在孩子面前，让他们逐个仔细检查。一开始先让孩子熟悉感官比较，将一个苹果放在一只手上，让他们留心重量，用自己的话语加以描述。重复相同的操作，将一个小坚果或果仁放在另一只手上，让孩子再次估量重量，进行描述。接下来你可以在

孩子的描述中加入形容词“重”和“轻”，于是他们就学会将这些词语与自己体验到的感觉联系起来。

现在，让孩子每只手都拿一个水果或坚果，比较二者的重量，哪个最重，哪个最轻？用各种水果和坚果重复进行这一活动，逐步改变你用来比较的物品。某种情况下，重量差异可能很小，所以看看谁能猜出哪个是最轻或最重的水果，再在厨房秤上称重比较，这种活动趣味性很强。大龄儿童能够自行在秤上读取水果的重量。最后，你可以按照重量递增及递减的顺序将水果逐一摆放。

识别厚薄：用水果皮和蔬菜皮比较厚度

活动材料

一个菠萝，一个橙子，一个柑橘，一个苹果，一个香蕉，一个桃子，一个杏，一个枇杷；一个胡萝卜，一个土豆，一个黄瓜，一个西葫芦；一个削皮器，一个托盘或砧板；与待削皮水果和蔬菜数量相当的盘子或广口瓶。

活动目的

此项活动可帮助孩子借由感知比较、理解厚度的概念。

活动场所

家中。

活动流程

首先，将现有的水果和蔬菜削皮，或者每次削水果或蔬菜皮时，留出一些放在一边。将其收集在广口瓶中，放在孩子面前，让他们逐一检查。接下来，食指沿蔬果皮边缘碾动，这样孩子可以更好地观察体会其厚度。让孩子用他们自己的方式描述边缘的触感是高还是低。随后，你可以将形容词“厚”和“薄”加入到孩子的描述之中，于是他们学会将这些词语与自己正在体验的感觉联系起来。

继续进行活动，让孩子拿一片橘子皮，看一看，摸一摸，自行辨别它是厚还是薄。

用梨皮或桃皮之类明显更薄的果皮重复此操作。接下来，告诉孩子比较他们触摸到的表皮的厚度，找出哪个最薄，哪个最厚。

对于大龄儿童，你可以让他们将蔬果皮的厚度临摹到一张纸上，以更好地观察蔬果皮边缘“高度”的差异。你也可以用尺子进行测量，更加客观地进行比较。

识别粗糙光滑：在接触自然物体中比较不同的表面纹理

活动材料

椰子，核桃，苹果，柠檬，松果，罗勒叶，鼠尾草叶，玫瑰花瓣。

活动目的

此项活动可帮助孩子借由感知比较、理解不同的物理性质。

活动场所

家中。

活动流程

通过触摸仔细检查水果为我们提供了无限的机会去获知不同的感觉。把你能找到的各种自然物品摆放在孩子面前，让他们逐一检查。你往往可以先从触觉游戏入手，让孩子闭上眼并用手仔细检查这些物品，再睁开眼进行检查。一次选取一种物品，让孩子描述他们的感受，允许孩子随心所欲地选择措辞。随后，你可以在孩子的描述中加入“粗糙”和“光滑”这两个词，

于是他们便学会将这些词与自己正在体验的感觉联系起来。

用这些物品开展活动后，你可以让孩子将他们认为粗糙和光滑的物品分成两堆。你可以针对其他物理性质重复开展此活动。

建构生命周期

活动材料

一个完整的苹果，一个苹果核，苹果种子，一片苹果叶，一根叶柄或茎，一朵苹果花，一张打印纸，彩色铅笔，一台相机，一个盒子或一个纸袋。

活动目的

此项活动可帮助孩子领悟随时间发生的变化的意义及生物的生长发育。

活动场所

果园，或是家中。

活动流程

要想了解生命的起源和生长发育，亲身观察最有成效。和孩子一起走入果园，选择一棵果实容易采摘的果树，比如苹果树。尝试回答这个问题：这棵树如何发育成长？接下来，如果果树开花，就采一朵苹果花，或是仅仅折一片树叶，再摘一个苹果。剖开苹果，给孩子看一看储存种子的位置。回到家后，将苹果的生命周期的

构成元素收集在一个盒中，着手准备关于苹果生命周期的图画。画一个大大的圆圈，基本填满整张纸的空间。下一步，让孩子在纸张底部画上一棵苹果树，或是贴一张你们在果园看到的苹果树的照片。在圆圈偏左一点的位置，用胶水粘上苹果花，如果你没有找到，就画一朵。在靠上一点的位置，继续放上长有种子的苹果核，再沿圆周向上移动一点，放几粒苹果种子。接下来，画一棵正在生长的幼苗。最后，在圆圈上摆放叶片，再放上树茎。摆放完之后，可以重新开始活动。与孩子一起检查这幅画，再次检查先后顺序。随后，将你收集到的元素乱序摆放，让孩子将其放回画中各自相应的位置上。

你可以使用更多的果树及其他植物重新设计生命周期。

观察太阳对水洼的作用

活动材料

雨靴和一小瓶油。

活动目的

此项活动让孩子们可以近距离观察简单的物理现象，激发他们的好奇心和观察力。

活动场所

庭院中，公园里或街道上的水洼又大又深的地方。

活动流程

雨后来到户外往往能拥有全新的学习机会。举个例子，你可以与孩子一起利用大水洼观察阳光在水面形成的反射现象。所以，穿上雨靴，走出家门寻找水洼吧。阳光照耀下的水洼像是一面镜子，反射出周围的影像。带着孩子走近池塘边，指给他们看一看，他们的影像映射在水面上。再

来制造某种变化，例如将鹅卵石投入水洼，来观察会发生什么现象。随后，在水洼中倒入几滴油，看一看油膜如何形成彩虹的色彩。

果园里认识、采摘水果或蔬菜

活动材料

超市售卖的某种水果或蔬菜，在果园或蔬菜园中也能找到，如苹果、梨、胡萝卜、香菜等。

活动目的

此项活动可帮助孩子享受在自然环境中采摘水果、蔬菜的乐趣，了解水果、蔬菜的真正属性。

活动场所

果园，菜园，或是家中。

活动流程

对孩子们来说，了解水果和蔬菜是实用性极强的活动，因为他们真正置身大自然中进行观察。你可以陪同孩子走入果园或菜园，选择一棵树，例如苹果树，再采摘下一颗果实，一起记录其特征，如大小、颜色、瑕疵，自然还有气味。将水果带回家中，与你从超市购买的水果进行比较，它们的外观、气味和味道有何不同？一起讨论这些问题。你可以用各种水果和蔬菜重复此类活动。

你还可以让孩子动手采摘水果，那一定趣味盎然，欢乐多多。

夜间户外活动：
探访夜幕下的自然世界

活动材料

一个手电筒，双筒望远镜，一把露营椅，一个盒子。

活动目的

此项活动可以激发孩了对大自然的好奇心，锻炼自制力和耐力，训练视听觉注意力。

活动场所

花园，公园，或是林间。

活动流程

夜幕下的自然世界通常不为人知，因为我们往往只在白天探索自然。然而，在温暖的夏夜，与孩子一起走出家门，徜徉在花园、公园或露营地的树林中，观察夜间栖息的动物，真是有趣极了。带上微型双筒望远镜和手电筒，保持足够的定力，因为较之白天，夜间更要留意不要发出响动，或是突然活动，这会打破动物们的宁静。建议你们待在原地，保持安静，目不转睛，侧耳倾听，看一看谁先捕捉到蟋蟀或蝙蝠发出的声响，听到蚊子的嗡嗡声，或是看到萤火虫闪闪发光，借此引发孩子的兴趣。观察月亮如何映照眼前的景象。你也可以选择坐在灌木、树木或花坛旁边，观察是否有昆虫现身。和孩子一起享受静谧无声、万物息迹。随后在百科全书中进行查阅，或是在线检索你们遇到的动物及其生活方式，借此激发孩子的好奇心。

你还可以准备一个盒子，用于存放你们夜间散步时发现的所有动物的简报或打印图片，留待日后各种分类游戏使用。

通过望远镜
观察星星和月亮

活动材料

一架望远镜，一个盒子。

活动目的

此项活动可以让孩子进一步熟悉科学和天文学的世界，激发他们的好奇心及寻找答案的渴望。

活动场所

露台，阳台，或是庭院。

活动流程

探索夜晚还有一种引人入胜的方式，走到阳台上，拥有花园或庭院的人也可以步入其间。任何时候我们都可以来到户外的某个地方，通过望远镜观察天空。首先向孩子解释望远镜是什么及它的工作原理。随后，让他们自由地观察天空，自行瞄准星星或月亮，决定寻找的内容，沉醉在自己的发现中。帮助孩子保持耐性，冷静精准地进行观察，不急不躁。鼓励孩子描述他们所看到的一切内容，借此激发他们的好奇心和求知欲。一些问题可能就自然而然地提出来，你可以在百科全书或互联网上搜索其答案。再有一点，你可以将找到的所有信息收集在一个盒子中，例如星座、行星、月球、太阳和地球的打印图像。和孩子一起享受绘制太阳系和星座的乐趣。培养孩子对月相的兴趣，这样你们就可以在天空中进行识别。在一年中的不同夜晚的不同时段，重复进行你们的观察，将透过云层收集的所有信息不断添加到你的信息盒中。

观赏日出日落

活动材料

两个盒子，两张打印纸，几支彩色铅笔，一台相机，一个闹钟。

活动目的

此项活动可激发孩子的观察力，有助于理解一天之内太阳升落的概念。

活动场所

家中。

活动流程

当孩子对太阳的作用表现出兴趣时，可以和他们一起观察一天之内太阳的变化，尤其提议孩子观赏日出日落时的景象，这也会颇有趣味。和他们一起在一张纸上画一轮冉冉升起的太阳，在另一张纸上画一轮徐徐下落的太阳。准备两个盒子，分别在盒子上粘上这两幅画。这将是你的日出日落盒，可以承装照片和物品，它们象征着你在这两个时间段观赏的景象。

看一看日出日落的时间，设置闹钟。如果有机会，可以在露台或阳台上观看日出日落，更好地观赏光影变化的效果。和孩子一起观察不同的色彩，关注不同的声音、气味和温度。拍摄你感兴趣的细节内容，收集在你的盒中。

你还可以在不同的地点重复进行体验，发现日出日落的新景象。最重要的是，你可以在一年之中的不同时间段重复进行该活动，看一看不同季节的日出日落有何不同。随后，你可以用大量的照片，对日出日落进行比拟对照。

出 品 人：许　永
出版统筹：林园林
责任编辑：陈泽洪
特邀编辑：陈璐璟
封面设计：李嘉木
内文设计：万　雪
印制总监：蒋　波
发行总监：田峰峥

投稿信箱：cmsdbj@163.com
发　　行：北京创美汇品图书有限公司
发行热线：010-59799930

官方微博

微信公众号